Raphael Lugowski / Kevin Wagner

Der Einsatz von KI in der Arbeitswelt

Fragen und Antworten

Mit Online-Quiz unter
www.bund-verlag.de/faq-quiz

Raphael Lugowski / Kevin Wagner

Der Einsatz von KI in der Arbeitswelt

DSGVO und KI-Verordnung
Funktion und Anwendungsszenarien
Schulungen und Richtlinien

BUND
VERLAG

Im Interesse einer besseren Lesbarkeit wird davon abgesehen, bei Fehlen einer geschlechtsneutralen Formulierung sowohl die männliche als auch weitere Formen aufzuführen. Die gewählten Formulierungen gelten deshalb uneingeschränkt für die weiteren Geschlechter.

Bibliografische Informationen der Deutschen Nationalbibliothek
Die Deutsche Nationalbibliothek verzeichnet diese Publikation in der Deutschen Nationalbibliografie; detaillierte bibliografische Daten sind im Internet über *http://dnb.d-nb.de* abrufbar.

Nachdruck Juni 2025

Umschlag: fsvk designbüro für visuelle kommunikation, Großostheim
Satz: Dörlemann Satz, Lemförde
Druck: CPI books GmbH, Birkstraße 10, 25917 Leck

ISBN: 978-3-7663-7506-3

kontakt@bund-verlag.de
www.bund-verlag.de

Inhaltsverzeichnis

Abkürzungsverzeichnis

a. a. O.	am angegebenen Ort
Abs.	Absatz
API	Application Programming Interface (Programmierschnittstelle)
ArbRB	Der Arbeits-Rechtsberater (Jahr und Seite)
Art.	Artikel
BDSG	Bundesdatenschutzgesetz
BetrVG	Betriebsverfassungsgesetz
BPersVG	Bundespersonalvertretungsgesetz
CRP	Customer Relationship Management
CuA	Computer und Arbeit (Heft, Jahr und Seite)
d. h.	das heißt
DSFA	Datenschutz-Folgenabschätzung
DSGVO	Datenschutz-Grundverordnung (EU)
ERP	Enterprise Resource Planning
EU	Europäische Union
EuGH	Gerichtshof der Europäischen Union
ff.	folgende
ggf.	gegebenenfalls
KI	Künstliche Intelligenz
KI-VO	Europäische Verordnung zur Festlegung harmonisierter Vorschriften für künstliche Intelligenz
LLM	Large Language Modell (Großes Sprachmodell)
ML	Machine Learning (Maschinelles Lernen)
Nr.	Nummer
Rn.	Randnummer
s.	siehe

Abkürzungsverzeichnis

S.	Seite
sog.	sogenannt
u. a.	unter anderem
usw.	und so weiter
vgl.	vergleiche
z. B.	zum Beispiel

Einleitung

Die Arbeitswelt befindet sich in einem fundamentalen Wandel, der durch technologische Innovationen wie die Digitalisierung und die fortschreitende Automatisierung geprägt wird. Eine Schlüsseltechnologie dieser Entwicklung ist die Künstliche Intelligenz, deren Einsatz längst nicht mehr auf visionäre Zukunftsszenarien beschränkt ist. KI-Systeme sind heute in vielen Unternehmen und Branchen fester Bestandteil und nehmen zunehmend Einfluss auf Arbeitsabläufe, Entscheidungsprozesse und die Gestaltung von Arbeitsplätzen. Diese Entwicklungen bergen sowohl Chancen als auch Herausforderungen für alle Beteiligten.

KI-Systeme basieren auf Algorithmen und Daten, die Vorurteile und Diskriminierungen verstärken können. Anwender müssen diese Risiken frühzeitig erkennen und geeignete Maßnahmen ergreifen, um eine faire und diskriminierungsfreie Anwendung von KI sicherzustellen. Dies erfordert nicht nur technisches Verständnis, sondern auch ein tiefes Bewusstsein für die sozialen und ethischen Konsequenzen, die der Einsatz solcher Technologien mit sich bringen kann.

Die rechtlichen Rahmenbedingungen für den Einsatz von KI sind komplex und unterliegen einem ständigen Wandel. Neben den nationalen Regelungen spielt die europäische Ebene eine immer größere Rolle. Die europäische KI-Verordnung stellt klare Anforderungen an KI-Systeme und sieht umfassende Transparenz- und Dokumentationspflichten vor. Verantwortliche in Betrieben und Behörden müssen diese Regelungen kennen und sich darauf vorbereiten, sie umzusetzen und zu überwachen. Insbesondere der Einsatz von KI im Personalbereich, etwa bei der Auswahl von Bewerbern oder der Bewertung von Arbeitsleistungen, wird strengen Auflagen unterworfen sein. Hier sind alle Beteiligten gefordert, aktiv mitzugestalten

und sicherzustellen, dass keine diskriminierenden oder unfairen Praktiken Einzug in den Unternehmen halten.
Um das Vertrauen der Beschäftigten in die neuen Technologien zu stärken, ist ein menschenzentrierter Ansatz entscheidend. Dies umfasst zum einen den Schutz vor Überwachung und unzulässiger Leistungsbewertung durch KI-Systeme. Zum anderen werden aber auch neue Fähigkeiten und Kompetenzen erforderlich, für die sinnvolle Schulungs- und Weiterbildungsmaßnahmen angeboten werden müssen. Nur so kann gewährleistet werden, dass die technologischen Entwicklungen nicht zu Lasten der Menschen gehen, sondern deren Arbeitsbedingungen nachhaltig verbessern.
Diese Orientierungshilfe richtet sich an alle, die in ihrer Arbeit mit dem Thema Künstliche Intelligenz konfrontiert sind. Sie bietet einen strukturierten Überblick über die technischen, rechtlichen und ethischen Aspekte des KI-Einsatzes. Dabei liegt der Fokus auf der praktischen Umsetzung: Wie verändert KI die Arbeitsorganisation? Welche datenschutzrechtlichen Vorgaben sind zur berücksichtigen? Und wie lässt sich sicherstellen, dass der Schutz der Beschäftigten auch in einer digitalisierten Arbeitswelt gewährleistet bleibt?

A. Was ist Künstliche Intelligenz?

Künstliche Intelligenz (KI) und insbesondere Large Language Models (LLMs) prägen zunehmend unseren Alltag – und auch die Arbeitswelt. Doch was genau steckt hinter diesen Technologien? Dieses Kapitel beleuchtet die Grundlagen der KI, stellt verschiedene Arten vor und erklärt, wie diese Systeme funktionieren. Im Mittelpunkt stehen dabei LLMs – KI-Modelle, die in der Lage sind, menschliche Sprache zu verstehen und zu generieren. Es wird aufgezeigt, wie sie in unterschiedlichen Unternehmensbereichen eingesetzt werden können und welche Potenziale sie bieten, von der Prozessautomatisierung bis hin zur Unterstützung im Kundenservice.

Ein kritischer Blick wird dabei auch auf die Risiken und Herausforderungen gerichtet, die der Einsatz von LLMs mit sich bringt. Themen wie Stellenabbau, Datenschutzbedenken, Diskriminierung und die Gefahr von Fehlinformationen werden beleuchtet, um die komplexen Auswirkungen dieser Technologien besser zu verstehen. Ziel dieses Kapitels ist es, einen fundierten Überblick zu vermitteln, der es den Lesern ermöglicht, die Chancen und Risiken von KI und LLMs zu erkennen und einen verantwortungsvollen Umgang mit diesen Technologien zu fördern.

1. Was ist KI?

KI bezeichnet die Fähigkeit von Computern und Maschinen, Aufgaben zu bewältigen, die normalerweise menschliche Intelligenz erfordern – etwa das Lösen von Problemen, das »Verstehen« und Erzeugen von Sprache sowie das »Erkennen« und Erstellen von Bildern. Ein Teilbereich der KI ist das Maschinelle Lernen (ML), welches es Computern ermöglicht, aus

Daten zu lernen. Es basiert auf Algorithmen, die Muster in großen Datenmengen erkennen und daraus Vorhersagen oder Entscheidungen ableiten. Zum Beispiel kann ein ML-System, das mit Bildern von Hunden und Katzen trainiert wurde, nach einer gewissen Lernphase »erkennen«, ob auf einem Bild ein Hund oder eine Katze abgebildet ist. Das zentrale Merkmal des Maschinellen Lernens ist die Fähigkeit der Systeme, ihre Leistung durch die fortlaufende Analyse von Daten zu verbessern. Sie können also mit zunehmender Datenmenge und -vielfalt immer präzisere und verlässlichere Ergebnisse liefern.

Zusammengefasst ist KI die übergeordnete Technologie, die es Maschinen ermöglicht, Aufgaben intelligent zu erledigen, während das maschinelle Lernen der Prozess ist, durch den Maschinen aus Erfahrungen und Daten lernen und ihre Fähigkeiten kontinuierlich verbessern.

2. Welche Arten von KI gibt es?

Grundsätzlich lässt sich KI in schwache und starke KI unterscheiden. Schwache KI ist darauf spezialisiert, spezifische Aufgaben auszuführen, die normalerweise menschliche Intelligenz erfordern. Diese Form der KI arbeitet innerhalb klar definierter Grenzen und zeigt keine Fähigkeit zum eigenständigen Denken oder Verstehen über den gegebenen Kontext hinaus. Schwache KI-Systeme sind darauf programmiert, bestimmte Probleme zu lösen, wie das Übersetzen von Texten in verschiedene Sprachen. Sie nutzen Algorithmen und Daten, um präzise und oft sehr effizient zu arbeiten, bleiben jedoch auf ihre jeweilige Aufgabe begrenzt. Dagegen bezeichnet starke KI ein System, das die vollständige Bandbreite menschlicher kognitiver Fähigkeiten nachbilden kann. Eine starke KI kann nicht nur spezifische Aufgaben lösen, sondern verfügt über ein umfassendes Verständnis und Bewusstsein, das mit dem menschlichen vergleichbar ist. Eine solche KI wäre in der Lage, komplexe Probleme zu analysieren, zu lernen, zu verstehen, und in neuen und unbekannten Situationen eigenständig Entscheidungen zu treffen. Darüber hinaus könnte sie kreativ denken, Emotionen zeigen und an sozialen Interaktionen teilnehmen. Bei schwacher KI handelt es sich also um spezialisierte Systeme, die auf bestimmte Aufgaben beschränkt sind, während starke KI eine umfassende, menschenähnliche Intelligenz bezeichnet. Bei allen Formen von KI, mit denen wir heute arbeiten, handelt es sich um schwache KI; eine starke KI existiert bislang nur in der Theorie.

3. Was ist generative KI?

Generative KI ist eine Technologie, die es Maschinen ermöglicht, eigenständig Inhalte zu erzeugen, die menschlichen Schöpfungen ähnlich sind. Anstatt nur Daten zu analysieren oder Entscheidungen zu treffen, kann generative KI kreative Outputs liefern, wie Texte schreiben, Bilder malen, Musik komponieren oder sogar komplexe Videos und Designs erstellen. Sprachmodelle (LLM) sind eine Form der generativen KI.

4. Was ist ein LLM?

Die Abkürzung LLM stammt aus dem Englischen und steht für »Large Language Model«, was auf Deutsch etwa »großes Sprachmodell« bedeutet. Bei einem LLM handelt es sich um eine Form von KI, die speziell darauf trainiert ist, menschliche Sprache zu verstehen und zu erzeugen. Diese Modelle werden mit riesigen Mengen an Textdaten gefüttert, die aus Büchern, Artikeln und anderen schriftlichen Quellen stammen. Dadurch lernt das Modell, Muster und Zusammenhänge in der Sprache zu erkennen.

LLMs können Texte verfassen, Fragen beantworten, Übersetzungen anbieten und sogar kreative Geschichten schreiben. Ein Vorteil dieser Technologie ist ihre Fähigkeit, kontextbezogene Antworten zu geben, die auf den Inhalt und die Bedeutung der gestellten Fragen eingehen.

Ein wichtiger Aspekt von LLMs ist ihre Skalierbarkeit: Je mehr Daten und Rechenleistung zur Verfügung stehen, desto leistungsfähiger werden sie. Das bedeutet, dass die Modelle ständig verbessert und verfeinert werden können, um präzisere und relevantere Ergebnisse zu liefern.

Das Innenleben eines LLM mag komplex erscheinen, doch die Oberfläche der Anwendungen ist in der Regel benutzerfreundlich gestaltet. Man interagiert mit dem Modell durch einfache Texteingaben, und das Modell liefert schnell und effizient eine Antwort.

Insgesamt bieten LLMs eine beeindruckende Möglichkeit, um die Kommunikation zwischen Mensch und Maschine zu verbessern und eine Vielzahl von Aufgaben zu automatisieren, die traditionell menschliches Verständnis erfordern würden.

5. Wie funktioniert ein LLM?

LLMs basieren auf neuronalen Netzwerken (s. Frage 6), die speziell für die Verarbeitung und Erzeugung von Text entwickelt wurden. Die Funktionsweise lässt sich in mehreren Schritten erklären:

1. Datenaufnahme: LLMs werden mit enormen Mengen an Textdaten trainiert. Diese Daten müssen vorab ausgewählt und für das Training aufbereitet werden.
2. Training: Während des Trainingsprozesses analysiert das Modell die Textdaten und lernt, Vorhersagen darüber zu treffen, welches Wort oder welcher Satz als nächstes kommt.
3. Architektur: LLMs nutzen die Transformer-Architektur, die es dem Modell ermöglicht, den Kontext von Wörtern in einem Satz zu berücksichtigen, indem es alle Wörter gleichzeitig analysiert und ihre Beziehungen zueinander versteht.
4. Feinabstimmung: Nach dem Grundtraining kann das Modell weiter verfeinert werden, indem es mit spezifischeren Daten oder für bestimmte Aufgaben trainiert wird. Dies verbessert seine Leistungsfähigkeit in bestimmten Bereichen, wie der Beantwortung von Fragen oder dem Erzeugen kreativer Texte.
5. Anwendung: Das LLM kann Texte verfassen, Fragen beantworten, Übersetzungen durchführen oder sogar Konversationen simulieren. Das Modell generiert Antworten, indem es das Gelernte anwendet und den wahrscheinlichsten nächsten Textbaustein wählt.

Kurz gesagt funktioniert ein LLM, indem es aus großen Textmengen lernt, Sprachmuster zu erkennen und darauf basierend passende Antworten oder Texte zu erzeugen.

6. Was sind neuronale Netzwerke?

Neuronale Netzwerke sind ein zentrales Konzept der KI und des maschinellen Lernens. Sie sind inspiriert vom menschlichen Gehirn und

bestehen aus einer Vielzahl miteinander verbundener Einheiten, die als Neuronen bezeichnet werden. Ein neuronales Netzwerk besteht aus mehreren Schichten von Neuronen. Die erste Schicht wird als Eingabeschicht bezeichnet, welche die Daten empfängt. Die letzte Schicht ist die Ausgabeschicht, die das Ergebnis liefert. Dazwischen gibt es eine oder mehrere versteckte Schichten, die die eigentliche Verarbeitung durchführen.
Jedes Neuron in einem Netzwerk empfängt Eingaben, verarbeitet sie und gibt ein Signal weiter. Die Stärke dieses Signals wird durch Gewichte bestimmt, die an den Verbindungen zwischen den Neuronen liegen. Diese Gewichte werden während des Trainings angepasst, um das Netzwerk zu optimieren. Das Training eines neuronalen Netzwerks erfolgt durch eine Methode namens »Backpropagation«. Dabei wird ein Eingabedatensatz durch das Netzwerk geleitet, und das Ergebnis wird mit dem erwarteten Ergebnis verglichen. Die Differenz zwischen beiden wird als Fehler betrachtet, und dieser Fehler wird zurück durch das Netzwerk geleitet, um die Gewichte anzupassen und den Fehler zu minimieren.
Neuronale Netzwerke werden für viele Anwendungen verwendet, z. B. in der Bilderkennung, Sprachverarbeitung, und bei der Vorhersage von Da-

Abbildung: Grundprinzip eines neuronalen Netzwerks mit Backpropagation

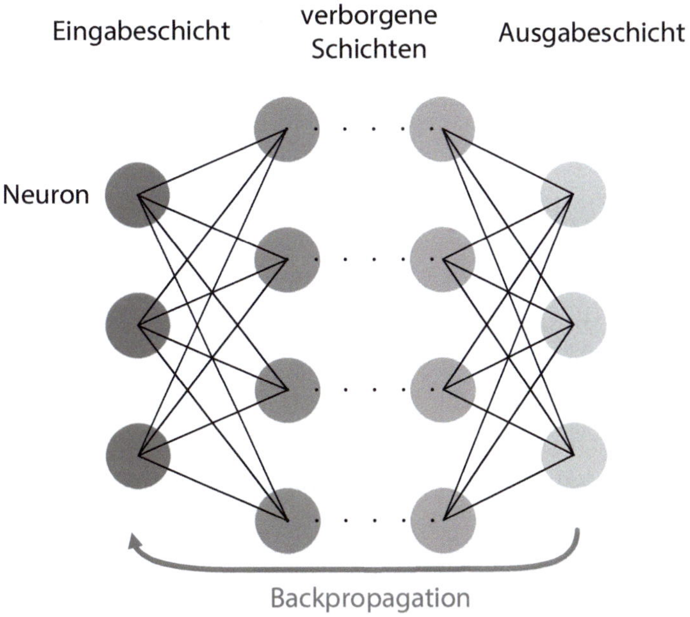

Quelle: eigene Grafik

tenmustern. Sie sind besonders nützlich, wenn es darum geht, komplexe Beziehungen in großen Datensätzen zu erkennen.

7. Wie werden KI-Modelle trainiert?

Beim Training eines KI-Modells wird eine große Menge an relevanten Daten verwendet, um der KI beizubringen, bestimmte Muster zu erkennen und Aufgaben zu bewältigen. Diese Daten werden aufbereitet, um sicherzustellen, dass sie für das Modell nutzbar sind, und der Trainingsprozess besteht darin, die internen Parameter der KI so anzupassen, dass sie die gewünschten Muster immer besser identifizieren kann. Dies geschieht in vielen Wiederholungen, bis die KI das geforderte Muster zuverlässig erkennt. Anschließend wird das Modell mit neuen Daten getestet, um die Qualität des Trainings zu überprüfen und ggf. weiter zu optimieren.

> **Beispiel:**
> Wenn man eine KI darauf trainieren möchte, Katzenbilder zu erkennen, benötigt man eine große Anzahl an Katzenbildern. Diese Bilder werden dann bereinigt, indem irrelevante oder fehlerhafte Aufnahmen entfernt werden, und in eine einheitliche Form gebracht. Die KI wird mit diesen Bildern »gefüttert« und passt sich mit jeder Wiederholung besser an, um die Muster von Katzen in den Bildern zu erkennen. Nach dem Training wird das Modell mit neuen, zuvor unbekannten Bildern getestet, um zu sehen, wie gut es Katzen erkennt. Wenn das Ergebnis nicht zufriedenstellend ist, muss das Training verfeinert werden.

8. Was bedeutet »Halluzinieren«?

»Halluzinieren« bedeutet, dass ein LLM Informationen erzeugt, die nicht der Realität entsprechen und/oder keine Grundlage in den Trainingsdaten haben. Das Modell gibt Antworten, die zwar sprachlich korrekt und oft plausibel sind, aber inhaltlich falsch und/oder erfunden sind. Dies ist eine der Herausforderungen bei der Entwicklung und Nutzung von KI-Systemen, die darauf abzielen, verlässliche und genaue Informationen zu liefern.

9. Warum »halluzinieren« LLMs?

Ein Grund für das Halluzinieren ist, dass LLMs statistische Muster verwenden, um Worte und Sätze vorherzusagen. Das bedeutet, sie sind darauf ausgelegt, die jeweils »wahrscheinlichste« Antwort zu generieren. Diese ist oft richtig, aber nicht immer. Zudem sind LLMs so konzipiert, dass sie kreativ sein und über das Gelernte hinaus verallgemeinern können. Das kann dazu führen, dass sie plausible, aber erfundene Informationen generieren. Ist ein Kontext unklar oder verwirrend, kann das Modell ebenfalls falsche Schlüsse ziehen. Falsche oder unvollständige Trainingsdaten können ebenso fehlerhafte Antworten verursachen. Zu beachten ist, das bedingt durch die Funktionsweise der LLMs ein und die gleiche Fragestellung bei jeder Anfrage zu unterschiedlichen Ergebnissen führen kann.

> **Beispiel:**
> Wird ein Sprachmodell gefragt, wann eine bekannte Wissenschaftlerin, wie etwa Marie Curie, den Nobelpreis für Chemie gewonnen hat, gibt es in der Regel eine korrekte Antwort. Wird jedoch nach einem weniger bekannten Ereignis gefragt, wie z. B. ob Marie Curie je eine Vorlesung an der Universität Harvard gehalten hat, könnte das Modell eine plausible, aber erfundene Antwort generieren, wie: »Ja, Marie Curie hielt im Jahr 1920 eine Vorlesung an der Universität Harvard.« Diese Aussage klingt glaubwürdig, ist aber falsch, da das Modell aus den bekannten Informationen über Curie (Wissenschaftlerin, Vorträge, Zeitrahmen) eine logische, aber erfundene Antwort konstruiert hat.

10. Welche Einsatzmöglichkeiten gibt es für generative KI?

Generative KI wird in verschiedenen Bereichen eingesetzt. Eine der häufigsten Anwendungen im kreativen Bereich ist das Erstellen von Texten, Bildmaterial und Videos. So können etwa hochwertige Marketinginhalte schnell und kostengünstig entstehen. Im Kundensupport verbessern Chatbots und virtuelle Assistenten die Servicequalität, indem sie rund um die Uhr Kundenanfragen beantworten, was die Kundenzufriedenheit erhöht, und Beschäftigte entlastet.

Ein weiteres wichtiges Anwendungsgebiet ist die Personalisierung. Empfehlungssysteme passen Produkte und Dienstleistungen an das Verhalten

und die Vorlieben der Kundschaft an, was zu höheren Verkaufsraten und einer stärkeren Kundenbindung führt.
Prozessautomatisierung ermöglicht die effiziente Erledigung wiederkehrender Aufgaben wie Datenverarbeitung, Berichtserstellung und das Treffen einfacher Entscheidungen. Dadurch kann die Effizienz gesteigert und die Fehlerquote reduziert werden. KI-basierte Analysen unterstützen bei der Optimierung von Geschäftsprozessen und der Entscheidungsfindung.
In der Forschung und Entwicklung beschleunigt KI die Innovationszyklen durch die Generierung neuer Ideen und Designs. Komplexe Simulationen helfen dabei, potenzielle Ergebnisse vorherzusagen und Innovationszyklen zu beschleunigen. Auch im Bildungs- und Trainingsbereich bietet generative KI erhebliche Vorteile. Adaptive Lernsysteme bieten personalisierte Lerninhalte, die auf den individuellen Fortschritt und die Bedürfnisse der Lernenden abgestimmt sind. Virtuelle Trainingsumgebungen ermöglichen praxisnahe Schulungen.
Insgesamt können die Anwendungen Effizienz, Kreativität und Wettbewerbsfähigkeit von Unternehmen steigern, indem sie Prozesse optimieren, Kundenbeziehungen verbessern und innovative Lösungen fördern.

11. Welche Risiken sind mit dem KI-Einsatz verbunden?

Ein zentraler Punkt ist der mögliche Abbau von Arbeitsplätzen, da viele Aufgaben, die bisher von Menschen erledigt wurden, automatisiert werden können. Dies kann in der Produktion, dem Kundenservice und der Datenverarbeitung besonders problematisch sein.
Ein weiteres Risiko ist die Verzerrung von Entscheidungen (engl. »Bias«). KI-Systeme treffen Entscheidungen auf Basis von Daten, die sie erhalten. Wenn diese Daten unvollständig oder voreingenommen sind, können die Ergebnisse unfair oder ungenau sein. Beispielsweise könnten KI-Systeme unabsichtlich Vorurteile gegenüber bestimmten Gruppen von Menschen verstärken, also zu Diskriminierungen führen. Das sollte den Anwendern bewusst sein und entsprechend kontrolliert werden.
Datenschutz und Datensicherheit sind ebenfalls wichtige Bedenken. KI-Systeme sammeln und verarbeiten große Mengen an persönlichen Daten, was das Risiko von Datenmissbrauch oder Datendiebstahl erhöht. Es ist

wichtig, dass Unternehmen strenge Datenschutzmaßnahmen einführen, um die Sicherheit dieser Informationen zu gewährleisten.

Ein häufiges Problem ist die fehlende Transparenz: Oft ist nicht klar, wie genau eine KI zu einer bestimmten Entscheidung gelangt. Diese »Black Box«-Natur kann es schwierig machen, Entscheidungen nachzuvollziehen und Verantwortlichkeiten zu klären. LLMs könnten potenziell auch genutzt werden, um Desinformation zu verbreiten, indem falsche oder irreführende Informationen schnell und in großer Menge erzeugt werden.

Schließlich gibt es ethische Bedenken. Der Einsatz von KI in sensiblen Bereichen wie der Medizin oder im Strafrecht wirft Fragen zu Moral und Verantwortung auf. Es ist wichtig, dass der Einsatz von KI sorgfältig überwacht wird, um sicherzustellen, dass er fair und ethisch vertretbar ist.

12. Welche Gefahren entstehen durch LLMs im Bereich der Cybersicherheit?

Der Einsatz von großen Sprachmodellen (LLMs) birgt auch Gefahren im Bereich der Cybersicherheit. Eine davon ist die Nutzung von LLMs durch Kriminelle, um überzeugende Phishing-Nachrichten zu erstellen.

Phishing ist eine Methode, bei der Betrüger versuchen, über gefälschte E-Mails oder Nachrichten an sensible Informationen wie Passwörter oder Kreditkartennummern zu gelangen. Mit der Hilfe von LLMs können diese Nachrichten noch glaubwürdiger und schwerer zu erkennen sein.

Ein weiteres Risiko ist die Nutzung von LLMs zur Erstellung von Malware (schädlicher Software). LLMs könnten verwendet werden, um Code zu schreiben, der dazu dient, Computer und Netzwerke anzugreifen. Das bedeutet, dass auch Menschen mit wenig technischem Wissen in der Lage sein könnten, gefährliche Programme zu erstellen. Schließlich besteht das Risiko, dass LLMs für automatisierte Angriffe verwendet werden. Das bedeutet, dass sie eingesetzt werden könnten, um systematisch Schwachstellen in Computersystemen zu finden und auszunutzen.

13. Wie kann man die Risiken beim KI-Einsatz minimieren?

Um die Risiken durch den Einsatz von Künstlicher Intelligenz (KI) in Unternehmen und Dienststellen zu minimieren, sind umfassende Maßnahmen erforderlich. Zunächst sind Schulung und Sensibilisierung der Beschäftigten entscheidend. Regelmäßige Trainings helfen, Risiken wie Phishing, Datenschutzverletzungen und Fehlentscheidungen zu erkennen und angemessen darauf zu reagieren. Sensibilisierungsprogramme fördern zudem das Bewusstsein für ethische und sicherheitsrelevante Aspekte. Datenschutz und Datenmanagement spielen ebenfalls eine wichtige Rolle. Strenge Datenschutzrichtlinien und Maßnahmen wie die Verschlüsselung sensibler Informationen und der kontrollierte Zugang zu Daten sind unerlässlich. Regelmäßige Audits und Sicherheitsüberprüfungen helfen, Schwachstellen zu identifizieren und zu beheben. Der Einsatz moderner Sicherheitssoftware kann dazu beitragen, schädliche Aktivitäten frühzeitig zu erkennen und zu verhindern.

Die Ergebnisse der KI müssen transparent und nachvollziehbar sein. Die Entscheidungsprozesse sollten verständlich und überprüfbar gestaltet sein, um Fehlentscheidungen zu erkennen und zu korrigieren. Ethische Richtlinien müssen implementiert und eingehalten werden, um sicherzustellen, dass KI-Systeme fair und gerecht agieren.

Wer KI anwendet, sollte Notfallpläne und Reaktionsstrategien entwickeln, um auf Sicherheitsvorfälle oder Diskriminierung schnell reagieren zu können. Durch diese Maßnahmen können die Risiken des KI-Einsatzes erheblich reduziert und eine sichere, faire sowie ethisch vertretbare Nutzung von KI-Technologien gewährleistet werden.

B. Wie arbeitet man mit generativer KI?

Generative KI verändert die Art und Weise, wie Inhalte erstellt, bearbeitet und analysiert werden. Dieses Kapitel stellt die wichtigsten Tools vor und zeigt, wie man sie benutzt. Im Mittelpunkt stehen dabei die Grundlagen der Eingabesteuerung: Wie lassen sich Prompts formulieren, um den Output gezielt zu beeinflussen? Welche Methoden helfen, um die Qualität der Ergebnisse zu verbessern? Und vor allem: Wie kann man die Ergebnisse der KI kritisch überprüfen? Dabei wird auch auf häufige Fehlerquellen eingegangen.

Das Kapitel soll eine kompakte und praxisnahe Anleitung für die ersten Schritte mit generativer KI bieten. Zugleich sollen ein verantwortungsvoller Umgang sowie rechtliche Risiken – etwa im Bereich des Urheberrechts – vermittelt werden.

14. Wie erhalte ich Zugang zu einem LLM?

Zunächst wird ein Anbieter ausgewählt. Bekannte Anbieter sind OpenAI mit ChatGPT, Google mit BERT, sowie Unternehmen wie Microsoft und Hugging Face. Es ist wichtig, die Beschreibung des Anbieters zu prüfen. Diese gibt Hinweise zur Konzeption des LLM, Geschwindigkeit und Genauigkeit sowie zu möglichen Einschränkungen. Dadurch kann geprüft werden, ob das gewählte Tool für die konkrete Aufgabenstellung geeignet ist.

Nach der Auswahl des passenden Anbieters erfolgt die Registrierung auf der Plattform und die Erstellung eines Kontos, wobei in der Regel persönliche Daten und eine E-Mail-Verifizierung notwendig sind. Im nächsten Schritt wird das Zugangsmodell gewählt. Die Anbieter stellen verschiede-

ne Optionen zur Verfügung, darunter kostenlose Zugänge, Abonnements oder Pay-per-Use-Modelle.
Um das LLM anschließend zu nutzen, wird eine Schnittstelle benötigt, die nach der Registrierung vom Anbieter bereitgestellt wird, z. B. eine Webseite. Die Schnittstelle ermöglicht es, Anfragen an das Modell zu senden und Antworten zu erhalten. Die Wahl der Schnittstelle hängt von den technischen Anforderungen, den Sicherheitsrichtlinien und den konkreten Einsatzmöglichkeiten ab. Häufig genutzte Schnittstellen für LLMs in Unternehmen oder anderen größeren Organisationen sind APIs (Programmierschnittstellen), die in bestehende Systeme wie CRM (Customer Relationship Management) oder ERP (Enterprise Resource Planning) integriert werden können. Zudem werden Chatbots auf Plattformen wie Microsoft Teams und native Desktop- oder Mobile-Apps verwendet. Auch die Integration in interne Tools wie Intranet oder E-Mail-Systeme ist möglich.

15. Worin liegen die Unterschiede zwischen freier und Bezahlversion?

Freie LLMs sind kostenlos zugänglich und bieten grundlegende Funktionen, die für viele einfache Anwendungen ausreichen können. Allerdings haben sie oft Einschränkungen hinsichtlich der Leistung (z. B. durch die Begrenzung der zulässigen Anzahl von Anfragen), Genauigkeit und der Verfügbarkeit von Features. In der Regel wird auch nicht die neueste Version zur freien Nutzung angeboten, sondern eine ältere Vorgängerversion. Zudem verwenden freie Modelle die Nutzerdaten häufig, um ihr Training zu verbessern, was Bedenken hinsichtlich des Datenschutzes aufwerfen kann.
Bezahlte LLMs hingegen bieten erweiterte Funktionen und eine höhere Leistung (z. B. eine höhere oder sogar unbegrenzt Anzahl von Anfragen). Sie sind durch den Einsatz der neuesten Versionen meist genauer und leistungsfähiger, was sie für komplexere Anwendungen und größere Unternehmen attraktiver macht. Für Unternehmen und Behörden am wichtigsten: Bezahlte LLMs bieten in der Regel stärkere Datenschutzmaßnahmen und strengere Sicherheitsstandards, um die Vertraulichkeit der eingegebenen Daten zu gewährleisten.

16. Welche generativen KI-Tools gibt es?

Generative KI ermöglicht inzwischen u.a. die automatische Erstellung von Bildern, Audio und Videos. Diese Tools sind faszinierend, weil sie Kreativität und Technologie kombinieren. Bildgeneratoren wie DALL-E erschaffen aus einfachen Texten Bilder. Sie arbeiten schnell und bieten unzählige Variationen, haben aber oft Schwierigkeiten, präzise Details oder bestimmte Stile korrekt wiederzugeben. Häufig treten Verzerrungen auf. Ethische und rechtliche Fragen – wie der Schutz von Künstlern und deren (Urheber-)Rechten – sind noch ungeklärt (s. Frage 25).
Im Audiobereich können KI-Tools Musik komponieren, Texte in Sprache umwandeln und Geräusche erzeugen. Diese Technologien klingen jedoch manchmal noch mechanisch und unnatürlich. Videogeneratoren wie Synthesia ermöglichen die schnelle Erstellung einfacher Videos, die sogar personalisiert werden können. Sie sind besonders für das Erstellen von Erklärvideos nützlich.

17. Was sind die gängigen LLMs und was können sie?

Zu den gängigen großen Sprachmodellen (LLMs) gehören GPT-3 und GPT-4 von OpenAI sowie BERT und T5 von Google. Diese Modelle haben unterschiedliche Stärken und Schwächen. Die Modelle GPT-3 und GPT-4 (OpenAI) sind sehr vielseitig und können viele verschiedene Aufgaben erledigen, wie das Erstellen von Texten, das Beantworten von Fragen oder sogar Programmieren. Sie sind besonders gut darin, natürliche und verständliche Texte zu generieren, die oft schwer von menschlichen Texten zu unterscheiden sind. Allerdings sind sie nicht immer präzise und können falsche oder irreführende Informationen liefern. BERT (Google) ist besonders gut darin, den Kontext von Wörtern in einem Satz zu verstehen, was es sehr effektiv für Aufgaben wie die Beantwortung von Fragen und die Textklassifikation macht. Allerdings ist BERT nicht darauf ausgelegt, lange zusammenhängende Texte zu generieren, sondern eher darauf, bestehende Texte zu analysieren.
T5 (Google) ist ein vielseitiges Modell, das eine breite Palette von Aufgaben lösen kann. Es zeigt mitunter starke Leistungen, benötigt aber eine sorgfältige Feinabstimmung. Alle genannten Sprachmodelle warten mit beein-

druckenden Fähigkeiten auf, haben aber auch ihre Grenzen und Herausforderungen. Es ist wichtig, die spezifischen Bedürfnisse und Ressourcen eines Projekts zu berücksichtigen, um das passende Modell auszuwählen und effektiv zu nutzen.

18. Was ist ein Prompt?

Ein Prompt ist eine Eingabe oder Anfrage, die an ein LLM gestellt wird. Der Prompt hilft dem Sprachmodell zu verstehen, was die Anwender wissen oder erreichen möchten. Der Erfolg eines Prompts hängt davon ab, wie klar und präzise er formuliert ist. Zusammengefasst ist ein Prompt die Art und Weise, wie Menschen mit einem Sprachmodell kommunizieren, um Informationen, Erklärungen oder Unterstützung zu erhalten.

> **Beispiel:**
> »Schreibe mir eine Zusammenfassung der europäischen KI-VO mit maximal 500 Wörtern.«
> »Was muss ich beim Einsatz von KI in Bezug auf die Mitbestimmung nach dem BetrVG beachten?«
> »Analysiere das hochgeladene Rollen- und Rechtekonzept und erkläre es mir in einfachen Worten.«
> »Gib mir eine Liste der Vorteile und Nachteile von mobiler Arbeit.«
> »Wie sage ich höflich Guten Morgen auf Japanisch?«

19. Wie formuliert man einen guten Prompt?

Ein guter Prompt ist möglichst klar und präzise. Das ermöglicht es dem Sprachmodell, die Anfrage besser zu »verstehen« und passende Antworten zu liefern. Der Prozess beginnt mit einer klaren Zieldefinition: Was genau möchte man wissen oder erreichen? Detaillierte Anfragen liefern spezifische Informationen. Dabei ist es wichtig, Mehrdeutigkeiten zu vermeiden. Das gelingt am besten, wenn man eine möglichst klare und einfache Sprache verwendet. Man sollte die Anfrage idealerweise auch in einen (relevanten) Kontext einordnen, damit das Sprachmodell den Hintergrund der Anfrage besser erfassen kann. Es macht etwa einen Unterschied, ob

ein E-Mail-Entwurf für einen langjährigen Duzfreund oder einen bislang unbekannten potenziellen Geschäftspartner verwendet werden soll.
Den Einstieg ins Prompten erleichtert die sogenannte »RCG«-Regel (aus dem Englischen: **R**ole, **C**ontext, **G**oal). Dabei handelt es sich um eine eingängige und leicht verständliche Methode, die besonders für Anfänger hilfreich ist. Das Einhalten der RCG-Regel unterstützt dabei, dem Sprachmodell klare Anweisungen zu geben, indem sie festlegt, wer die Anfrage bearbeitet (Rolle), in welchem Rahmen die Aufgabe stattfindet (Kontext), und was erreicht werden soll (Ziel).

Beispiele:

»Du bist ein erfahrener Koch (=Rolle). Deine Aufgabe ist es, ein einfaches, gesundes Rezept für ein Abendessen zu erstellen, das in weniger als 30 Minuten zubereitet werden kann (=Ziel). Es sollte für eine Person ausgelegt sein und nur grundlegende Zutaten verwenden, die leicht erhältlich sind (=Kontext).«
»Du bist Personalmanager (= Rolle). Deine Aufgabe ist es, einen Maßnahmenplan zu erstellen, um die Mitarbeiterzufriedenheit in einem mittelständischen Unternehmen zu erhöhen (= Ziel). Der Plan sollte realistisch sein und Maßnahmen enthalten, die innerhalb der nächsten sechs Monate umsetzbar sind, bei begrenztem Budget (= Kontext).«
»Du bist ein neugewähltes Mitglied des Betriebsrats (= Rolle). Deine Aufgabe ist es, einen Plan zu entwickeln, wie die Kommunikation zwischen dem Betriebsrat und den Mitarbeitenden verbessert werden kann (= Ziel). Der Plan sollte sowohl regelmäßige Meetings als auch digitale Kanäle berücksichtigen und kurzfristig umsetzbar sein (= Kontext).«

20. Wie kann man die Antwort der KI verbessern?

Es gibt verschiedene Ansätze, um die Antworten von LLMs zu verbessern. Ein zentraler Aspekt ist die iterative Vorgehensweise. Das bedeutet, dass Anfragen (Prompts) schrittweise angepasst und verfeinert werden. Wenn die erste Antwort nicht zufriedenstellend ist, sollte die Frage umformuliert oder mit zusätzlichen Details versehen werden. Durch wiederholtes Optimieren der Anfragen können bessere und präzisere Antworten erzielt werden.
Nach Erhalt einer Antwort sollte diese kritisch bewertet werden: Entspricht

sie den Erwartungen? Ist sie vollständig und korrekt? Wenn nicht, sollte spezifisches Feedback gegeben werden, welches die Schwächen der Antwort aufzeigt. Diese Rückmeldung ermöglicht es, präzisere und relevantere Antworten zu erhalten. Ist die Antwort fehlerhaft oder ungenau, sollte dies korrigiert und die Frage erneut gestellt werden. Es ist dabei entscheidend, klare Hinweise darauf zu geben, was genau falsch war und wie die korrekte Antwort aussehen sollte. Durch die Kombination dieser Methoden kann die Qualität der Antworten erheblich gesteigert werden.
Daneben kann auch das Bereitstellen von Vorlagen oder Beispielen helfen, das gewünschte Format der Antwort zu verdeutlichen. Eine Möglichkeit besteht auch darin, das Modell zu bitten, Rückfragen zu stellen, falls mehr Kontext benötigt wird (z. B. »Du bist ein Datenschutzbeauftragter und sollst eine Schulung zum Thema Datenschutz für neue Mitarbeiter entwerfen. Frag mich alles, was du dafür wissen musst«). Dies hilft dem Modell, gezielt fehlende Informationen abzufragen, um eine passgenauere Antwort zu liefern. Ebenso können Kontrollfragen integriert werden, um sicherzustellen, dass das Thema richtig verstanden wurde (z. B. »Erkläre, wie ein Beschäftigter seinen Urlaubsanspruch geltend machen kann, und beantworte anschließend die Frage: ›Was passiert, wenn man während des Urlaubs erkrankt?‹«).
Durch die Kombination dieser Methoden lässt sich die Qualität der generierten Antworten weiter verbessern und an die spezifischen Bedürfnisse anpassen.

21. Was ist Prompt-Engineering?

Prompt-Engineering ist die Kunst, Eingaben oder Anfragen (Prompts) so zu gestalten, dass ein LLM die bestmöglichen Antworten liefert. Es umfasst auch das Verständnis der Fähigkeiten und Grenzen des Sprachmodells. Manche Fragen oder Aufgaben erfordern spezifische Formulierungen, um das Modell optimal zu nutzen. Durch ständiges Experimentieren und Anpassen kann man lernen, wie man die besten Ergebnisse erzielt. Im Prompt-Engineering gibt es verschiedene Techniken, um hochwertige Antworten von Sprachmodellen zu erhalten.
Eine zentrale Methode ist Chain-of-Thought, bei der das Modell schrittweise seine Gedanken entwickelt, was besonders bei komplexen Aufgaben

nützlich ist. Few-Shot-Learning nutzt Beispiele im Prompt, um dem Modell den gewünschten Kontext und die Aufgabe klarer zu machen. Ergänzt wird dies durch iterative Optimierung, bei der Prompts schrittweise angepasst und verfeinert werden, um die bestmöglichen Ergebnisse zu erzielen. Durch die Kombination dieser und weiterer Techniken lassen sich Prompts effektiv gestalten, um präzise und relevante Antworten zu erhalten.
Prompt-Engineering wird vor allem von KI-Spezialisten, Datenwissenschaftlern und Entwicklern genutzt, die eng mit Sprachmodellen arbeiten. Es gewinnt jedoch auch in anderen Bereichen wie Marketing, Content-Erstellung und Forschung an Bedeutung, wo präzise und zielgerichtete Anfragen an KI-Systeme notwendig sind.

22. Wie kann man Bias in KI-Modellen erkennen und vermeiden?

KI-Systeme können – gerade in der Arbeitswelt – wichtige Entscheidungen beeinflussen, z. B. im Recruiting: Welche Person ist geeignet für eine zu besetzende Stelle? Doch auch KI-Systeme sind nicht frei von Verzerrungen. Diese sogenannte Voreingenommenheit, auch »Bias« genannt (abgeleitet vom englischen Begriff »bias«), entsteht meist durch die Daten, die für das Training der KI verwendet wurden. Wenn ein Recruiting-Tool zum Beispiel auf Datensätzen erfolgreicher Bewerber basiert, in denen überwiegend Männer im Alter von 25 bis 40 eingestellt wurden, bevorzugt die KI voraussichtlich diese Personengruppe, da sie das Muster reproduziert.
Zur Vermeidung eines Bias sollten Entwickler Daten nutzen, die vielfältig und ausgewogen sind. Es ist wichtig, Daten aus verschiedenen Quellen zu sammeln und darauf zu achten, dass alle relevanten Gruppen repräsentiert sind. Darüber hinaus sollten KI-Modelle regelmäßig auf Verzerrungen überprüft werden. Dazu gehört auch, die Daten zu aktualisieren und die Modelle anzupassen.
Für Anwender besteht häufig die Möglichkeit, Hinweise darauf zu geben, ob und wo die KI unfair ist.
Entwickler und Anwender haben gleichermaßen die Möglichkeit, in einem ständigen Prozess aus Kontrolle und Weiterentwicklung sicherzustellen, dass KI-Systeme fair und zuverlässig bleiben.

23. Wie kann die Qualität KI-generierter Inhalte beurteilt werden?

Um sicherzustellen, dass KI-generierte Inhalte korrekt sind, ist es wesentlich, die verwendeten Informationsquellen zu überprüfen. Während Entwickler durch eine regelmäßige Auswahl und Aktualisierung der Datenbasis dazu beitragen, haben Anwender hierauf in der Regel keinen Einfluss. Sie sollten dennoch die Verbreitung falscher Informationen vermeiden. Dazu kann es erforderlich sein, die KI nach den verwendeten Quellen zu fragen oder die generierten Inhalte durch Quellen außerhalb der KI zu verifizieren. Sie sollten zudem Feedback geben: Wiederholte Hinweise auf denselben Fehler von verschiedenen Anwendern weisen Entwickler auf die Notwendigkeit einer Überprüfung und/oder Überarbeitung hin.

Wie wichtig die Beurteilung der Qualität durch den Anwender ist, zeigt das Beispiel eines Rechtsanwalts in New York aus dem Jahr 2023: Der Jurist ließ die Anwendung ChatGPT Präzedenzfälle für eine Klage suchen. Die KI nannte entsprechende Fälle sogar mit Aktenzeichen, um der Formanforderung gerecht zu werden – doch sie waren komplett erfunden.

24. Muss man die Verwendung von KI offenlegen?

Transparenz ist bei der Nutzung von KI nicht nur eine ethische Erwägung, sondern auch eine rechtliche Verpflichtung. Ethisch gesehen ist die Offenlegung des KI-Einsatzes wichtig, um Vertrauen zu fördern. Personen sollten wissen, wenn sie mit KI-generierten Inhalten interagieren, um fundierte Entscheidungen treffen zu können. Dies gilt besonders in Bereichen, in denen die Genauigkeit und Authentizität der Informationen entscheidend sind. Offene Kommunikation verhindert Missverständnisse und sorgt dafür, dass niemand in die Irre geführt wird.

Rechtlich gesehen schreibt die DSGVO in Art. 22 vor, dass Nutzer umfassend informiert werden müssen, wenn automatisierte Entscheidungsprozesse (einschließlich Profiling) zur Anwendung kommen, die erhebliche rechtliche oder ähnlich schwerwiegende Auswirkungen auf sie haben. Unternehmen in der EU sind daher verpflichtet, offenzulegen, wenn KI für Entscheidungen verwendet wird, wie etwa bei der automatisierten Kredit-

vergabe. Betroffene haben zudem das Recht, eine menschliche Überprüfung der Entscheidung zu verlangen.
Darüber hinaus führt die Europäische Verordnung über Künstliche Intelligenz (KI-VO) zusätzliche Transparenzanforderungen ein (s. Frage 73).

25. Was gilt bezüglich des Urheberrechts an den KI-generierten Inhalten?

Im deutschen Recht ist der Urheberrechtsschutz grundsätzlich an die Schöpfungshöhe gebunden. Das bedeutet, dass ein Werk eine gewisse Individualität und Kreativität aufweisen muss, um urheberrechtlich geschützt zu sein. Es kommt daher aktuell nur ein Mensch als »Schöpfer« im urheberrechtlichen Sinne in Betracht. Auch in anderen Rechtsystemen, etwa im amerikanischen Recht, ist der Output nicht urheberrechtlich geschützt. In den Nutzungsbedingungen übertragen die Betreiber der KI-Anwendungen (beispielsweise OpenAI bei ChatGPT) in der Regel ohnehin etwaige Nutzungsrechte des Outputs (also der KI-generierten Inhalte) an die User. Das bedeutet, dass Personen, welche diese Inhalte nutzen, sie auch modifizieren und verbreiten dürfen. Zwar können am Output keine Urheberrechte der KI oder ihrer Betreiber bestehen. Unter Umständen bestehen hieran aber Urheberrechte Dritter.
Fordert ein Kunst-Fan die KI etwa dazu auf, Picassos Guernica zu reproduzieren, bliebe das ursprüngliche Urheberrecht an dem Werk bestehen, selbst wenn die KI die Anweisung ausführt. Aber auch ohne eine direkte Aufforderung des Nutzers kann eine Urheberrechtsverletzung entstehen. Zum Beispiel, wenn die KI ein neues Bild erstellt, das Picassos unverwechselbaren Stil imitiert, ohne dass der Nutzer dies ausdrücklich verlangt. In beiden Fällen könnten rechtliche Konsequenzen drohen.

26. Was sind die häufigsten Fehlerquellen bei der Nutzung von LLMs?

LLMs basieren auf riesigen Datenmengen aus dem Internet, die nicht immer korrekt oder aktuell sind. Dadurch können generierte Inhalte Fehler enthalten oder veraltete Informationen wiedergeben. Es ist daher wichtig, die generierten Inhalte immer zu überprüfen und mit verlässlichen Quellen zu vergleichen.

Eine weitere häufige Fehlerquelle ist die Fehlinterpretation von Anfragen. Wenn eine Anfrage unklar oder mehrdeutig ist, kann das Modell eine unerwartete oder falsche Antwort geben. Eine präzise Formulierung der Anfragen (also ein »guter Prompt«, s. Frage 19) hilft, dieses Problem zu minimieren. Außerdem können LLMs aus den Daten, aus denen sie lernen, Vorurteile übernehmen (s. Frage 22). Das bedeutet, dass die generierten Inhalte unbeabsichtigt diskriminierend oder voreingenommen sein können. Es ist wichtig, sich dieser Möglichkeit bewusst zu sein und die generierten Inhalte kritisch zu prüfen.

Ein weiteres Problem ist die fehlende Kontextualisierung. LLMs können den Kontext einer Anfrage manchmal nicht vollständig erfassen. Dies kann dazu führen, dass Antworten generiert werden, die nicht zum tatsächlichen Bedarf oder zur Situation passen. Eine klare und detaillierte Beschreibung des Kontexts kann helfen, relevantere Antworten zu erhalten. Schließlich ist übermäßiges Vertrauen in die KI eine weitere häufige Fehlerquelle. Auch wenn LLMs beeindruckende Ergebnisse liefern können, sollten ihre Antworten immer hinterfragt und überprüft werden, insbesondere in kritischen oder sensiblen Bereichen.

C. Arbeitsrechtliche Vorgaben: Was gilt für den KI-Einsatz durch Beschäftigte?

Der Einsatz von KI wirft Fragen auf, die über technische Aspekte, Anwendungsszenarien und gutes Prompting hinausgehen. Unternehmen stehen vor der Herausforderung, den Einsatz von KI rechtssicher und im Einklang mit den Interessen der Beschäftigten zu gestalten. Dieses Kapitel beleuchtet die wichtigsten arbeitsrechtlichen Vorgaben. Thematisiert wird, unter welchen Bedingungen KI am Arbeitsplatz genutzt werden darf, welche Pflichten Arbeitgeber und Arbeitnehmer haben und welche rechtlichen Grenzen einzuhalten sind.
Im Mittelpunkt stehen dabei die Auswirkungen des KI-Einsatzes auf die Arbeitsorganisation, daraus entstehende Schulungs- und Qualifizierungsbedarfe und die Nutzung von KI im Recruiting und zur Leistungsbewertung. Außerdem zeigen wir auf, welche Handlungsspielräume und Unterstützungsmöglichkeiten im Konfliktfall zur Verfügung stehen.

27. Dürfen Beschäftigte KI bei der Arbeit nutzen?

Grundsätzlich können Beschäftigte KI nutzen, um ihre Arbeitsaufgaben zu erledigen. Der Grundsatz der höchstpersönlichen Erbringung der Arbeitsleistung steht dem nicht entgegen. Er besagt, dass ein Arbeitnehmer die ihm vertraglich übertragenen Arbeitsaufgaben grundsätzlich selbst und persönlich erbringen muss, also seine Arbeit nicht einfach von einer anderen Person erledigen lassen darf. Hilfsmittel können aber verwendet werden. Insofern besteht beim Einsatz einer KI-Anwendung kein Unterschied zu anderen Hilfsmitteln wie Suchmaschinen, Datenbanken oder Formularhandbüchern. Wichtig ist aber: Die persönliche Verantwortung für die Erbringung der Arbeitsleistung bleibt auch bei der Nutzung von

KI bestehen. Arbeitnehmer müssen dafür Sorge tragen, dass KI-generierte Inhalte richtig und vollständig sind und auch sonst den qualitativen Maßgaben des Arbeitgebers genügen. Darüber hinaus ist darauf zu achten, dass keine vertraulichen Informationen oder personenbezogene Daten in die KI eingegeben werden. Es ist auf jeden Fall empfehlenswert, sich vor der Nutzung von KI-Tools im Arbeitskontext zu informieren. Eventuell hat die Organisation bereits Richtlinien auf den Weg gebracht oder Betriebs- bzw. Dienstvereinbarungen abgeschlossen, in denen Regeln der Nutzung von KI bei der Arbeit enthalten sind. Diese sind dann entsprechend umzusetzen.

28. Was gilt für den Einsatz von KI bei Bewerbungen?

Es begegnet arbeitsrechtlich grundsätzlich keinen Bedenken, wenn Personen im Rahmen des Bewerbungsverfahrens auf KI-Systeme zurückgreifen. Sie können etwa ihr Anschreiben oder ihren Lebenslauf von generativen KI-Systemen optimieren lassen. Ob ein KI-Einsatz die Chancen der Bewerbung wirklich erhöht, ist aber fraglich. Spätestens im persönlichen Gespräch steht die KI den Bewerbern nicht mehr zur Seite. Es dürfte zu Irritationen kommen, wenn das durch die schriftlichen Bewerbungsunterlagen vermittelte Bild nicht mit der Person im Einklang steht. Zudem wissen auch Personaler um die Möglichkeiten der KI und legen daher vielleicht nicht mehr so viel Wert auf ein korrektes Anschreiben – sofern dieses sich nicht besonders von der Masse abhebt. Einer Frage nach der Nutzung von KI-Tools für die Bewerbungsunterlagen können Bewerber aber gelassen entgegensehen. Eine solche Information ist für die Entscheidung über eine Einstellung grundsätzlich nicht erforderlich und darf daher auch nicht abgefragt werden. Beantworten sie diese Frage falsch, erwachsen ihnen hieraus keine nachteiligen arbeitsrechtlichen Folgen.

29. Kann ein Arbeitgeber den Einsatz von KI anordnen?

Arbeitgeber können gegenüber Arbeitnehmern den Einsatz von KI im Rahmen ihres arbeitsvertraglichen Direktionsrechts nach § 106 GewO anordnen.[1] Hiernach entscheidet der Arbeitgeber über die Auswahl von Arbeitsmitteln, welche die Arbeitnehmer zur Erfüllung ihrer arbeitsvertraglichen Pflichten verwenden sollen. Eine solche Anordnung muss sich aber in den Grenzen des billigen Ermessens bewegen und auf die Rechte und schutzwürdigen Interessen der Arbeitnehmer angemessen Rücksicht nehmen. Tut sie das nicht, ist eine Weisung für Arbeitnehmer nicht verbindlich, d. h., sie müssen einer solchen Weisung nicht nachkommen. Dies wäre etwa dann der Fall, wenn es durch den Einsatz von KI zu einer Verletzung von Persönlichkeitsrechten bei den Beschäftigten kommen würde. Gesetzeswidrige Weisungen müssen Beschäftigte erst recht nicht befolgen. Eine solche läge z. B. vor, wenn Beschäftigte bei der Umsetzung der Weisung gegen das Allgemeine Gleichbehandlungsgesetz, datenschutzrechtliche Bestimmungen oder die KI-Verordnung verstoßen würden.

30. Kann ein Arbeitgeber mittels KI Weisungen im Arbeitsverhältnis erteilen?

Der Einsatz KI-generierter Weisungen im Arbeitsverhältnis ist problematisch. Je nach Ausgestaltung könnte hierin ein Verstoß gegen Art. 22 DSGVO liegen, der automatisierte Entscheidungen gegenüber Personen nur unter sehr strengen Voraussetzungen zulässt. Eine automatisierte Entscheidung wäre z. B. gegeben, wenn Beschäftigten auf der Grundlage von Leistungsdaten und Produktionsnotwendigkeiten computergenerierte Weisungen hinsichtlich Arbeitsort, Arbeitszeit oder Arbeitsaufgabe erteilt würden.[2] Sollte die Entscheidungsmacht hingegen beim Vorgesetzten verbleiben, weil er eine Prüfung der computergestützten Maßgaben vornimmt und daraufhin entsprechende Weisungen erteilt, läge kein Verstoß gegen Art. 22 DSGVO vor. Entscheidend ist somit stets der konkrete Einzelfall und die Ausgestaltung der KI-Nutzung, wobei Art. 22 DSGVO auch eine gewisse Erheblichkeit der automatisierten Entscheidung für die betroffene Person verlangt. Zu berücksichtigen ist jedenfalls, dass KI-Anwendungen häufig darauf ausgelegt sein werden, menschliche Entscheidungen zu erleichtern. Verantwortliche sollten sich die jeweiligen

1 Niklas, ArbRB 2023, 268, 269; Wedde, CuA 1/2024, 22.
2 Weichert in: Däubler/Wedde/Weichert/Sommer, EU-DSGVO und BDSG-Kompaktkommentar, 3. Aufl. 2024, Art. 22 DSGVO Rn. 33 c.

Entscheidungsprozesse erklären lassen und berücksichtigen, dass automatisierte Entscheidungen gegenüber Beschäftigten einen Verstoß gegen Art. 22 DSGVO darstellen können. Darüber hinaus wäre zu prüfen, ob der konkrete Einsatz von KI zur Erteilung von Weisungen in die Kategorie der hochrisikoreichen Systeme nach der KI-VO fällt (s. Frage 74). Dann wären besondere Anforderungen an die Transparenz, Überwachung und Sicherheit des KI-Systems zu erfüllen.

31. Kann ein Arbeitgeber den Einsatz von KI durch Beschäftigte verbieten?

Genauso wie der Arbeitgeber die Beschäftigten anweisen kann, KI-Anwendungen zu nutzen, kann er sie kraft seines Direktionsrechts dazu anhalten, bei der Arbeit auf KI-Unterstützung zu verzichten. Datenschutz-, haftungs- und urheberrechtliche Bedenken könnten einer unreglementierten Nutzung entgegenstehen. Beim Fehlen eines entsprechenden Verbots dürfen Beschäftigte aber davon ausgehen, dass die Nutzung von KI-Tools bei der Arbeit grundsätzlich möglich ist. Das gilt jedenfalls, wenn ein Zugriff auf das Internet für dienstliche Zwecke zugelassen ist.[3] Dann steht es den Beschäftigten frei, die damit verbundenen technischen Möglichkeiten für die Erfüllung ihrer Arbeit nutzbar zu machen. Es ist dennoch ratsam, vorab zu klären, ob der Arbeitgeber mit der Nutzung von KI-Tools im Arbeitsverhältnis einverstanden ist.

32. Welche Verantwortung tragen Arbeitnehmer bei der Nutzung von generativer KI?

Arbeitnehmer bleiben in jedem Fall für die Ergebnisse ihrer Arbeit persönlich verantwortlich. Unzureichende Arbeitsergebnisse und Fehler sind ihnen unmittelbar zurechenbar, auch wenn sie durch die Ausgaben generativer KI verursacht worden sind. Es bleibt also auch bei der Nutzung von generativer KI bei den arbeitsrechtlichen Maßstäben, die an die Arbeitsergebnisse von Arbeitnehmern zu stellen sind. Sie müssen die ihnen über-

3 Niklas, ArbRB 2023, 268, 269.

tragene Arbeit unter »Anspannung ihrer Fähigkeiten« ordnungsgemäß verrichten und insbesondere sorgfältig arbeiten. Damit wäre es nicht vereinbar, KI-generierte Inhalte ungeprüft zu übernehmen. Es besteht vielmehr die Pflicht, den Output auf Richtigkeit und Vollständigkeit zu prüfen. In der Regel dürfte auch die Pflicht bestehen, die KI-Inhalte als solche zu kennzeichnen.

33. Wer haftet für Fehler, die bei der Nutzung von KI entstehen?

Kommt es bei der eigenverantwortlichen, nicht durch den Arbeitgeber veranlassten Nutzung von KI-Inhalten zu einem Schaden, haften Arbeitnehmer nach den allgemeinen Grundsätzen der Arbeitnehmerhaftung. Dieser Grundsatz dient dem Schutz der Arbeitnehmer, die für Schäden nur eingeschränkt haften und berücksichtigt, dass das wirtschaftliche Risiko grundsätzlich vom Arbeitgeber getragen werden soll.
Die Arbeitnehmerhaftung sieht folgende Abstufungen vor:

Bei Vorsatz und grober Fahrlässigkeit haften Beschäftigte in vollem Umfang.

> **Beispiel:**
> Ein Mitarbeiter hält sich bei der Nutzung von KI-Systemen bewusst nicht an die Unternehmensrichtlinien, wodurch es zu einem Verstoß gegen die KI-Verordnung kommt und gegen das Unternehmen als Betreiber eine Geldbuße verhängt wird.

Im Fall von mittlerer Fahrlässigkeit erfolgt eine anteilige Haftung, wobei die Umstände des Einzelfalls den Anteil der Haftung bestimmen.

> **Beispiel:**
> Aus Unachtsamkeit hat ein Arbeitnehmer bei der Nutzung generativer KI ein Dokument mit personenbezogenen Beschäftigtendaten hochgeladen, wodurch es zu einem meldepflichtigen Datenschutzvorfall gekommen ist und das Unternehmen von der Aufsichtsbehörde zur Zahlung eines Bußgeldes in Anspruch genommen wird.

Bei leichter Fahrlässigkeit greift die arbeitsrechtliche Haftungsprivilegierung, sodass Beschäftigte nicht für Schäden aufkommen müssen.

> **Beispiel:**
> Wie im vorigen Fall, nur mit dem Unterschied, dass dem Arbeitnehmer vom Vorgesetzten Dokumente mit dem Vermerk übergeben worden sind, dass sich keine personenbezogenen Daten mehr in den Dokumenten befinden.

Hat der Arbeitgeber die Nutzung von KI-Anwendungen angeordnet, könnte die Haftung aufgrund eines Mitverschuldens des Arbeitgebers erheblich reduziert sein, insbesondere wenn wegen des KI-Einsatzes ein höheres Arbeitsvolumen von den Arbeitnehmern erwartet wird und diese nicht ausreichend Zeit zur Verfügung haben, um KI-generierte Inhalte nachzuprüfen. Im Einzelfall kommt auch bei mittlerer Fahrlässigkeit ein Haftungsausschluss in Betracht, wenn der Arbeitgeber die Nutzung von KI in Kenntnis der Risiken angewiesen und die Beschäftigten nicht oder nicht hinreichend über die Risiken aufgeklärt bzw. geschult hat.

34. Was gilt für die durch KI eingesparte Arbeitszeit?

Arbeitnehmer schulden ihrem Arbeitgeber grundsätzlich keinen konkreten Arbeitserfolg, sondern die höchstpersönliche Arbeitsleistung in einem bestimmten zeitlichen Umfang. Wird durch den Einsatz einer KI-Anwendung also Arbeitszeit eingespart, schafft dies Raum für die Übernahme von weiteren Aufgaben. Arbeitnehmer wären dann verpflichtet, den Arbeitgeber darüber zu informieren und ggf. neue Aufgaben im vereinbarten Arbeitszeitrahmen entgegenzunehmen. Etwas anderes kann jedoch gelten, wenn mit dem Arbeitgeber keine feste Arbeitszeit vereinbart ist. Bei Vertrauensarbeitszeit etwa kommt den Beschäftigten die eingesparte Arbeitszeit unmittelbar zugute. Arbeitgebern kommt es bei solchen flexiblen Arbeitszeitstrukturen darauf an, dass die Beschäftigten die angegebenen Ziele innerhalb der vorgegebenen Zeit erfüllen. Mit zunehmender Unterstützung durch KI-Anwendungen ist jedoch davon auszugehen, dass Arbeitgeber die damit verbundene zeitliche Ersparnis bei der Ziel- und Aufgabenbestimmung sukzessiv in ihre Planungen einbeziehen. Dies könnte zu ambitionierteren Zielvorgaben führen und die Auslastung der Mitarbeiter erhöhen.

35. Was gilt, wenn Arbeitnehmer wegen des KI-Einsatzes neue Aufgabenbereiche übernehmen sollen?

Arbeitnehmer sind bei Änderungen der Arbeitsbereiche rechtzeitig zu unterrichten, §§ 81 Abs. 1 und 2 BetrVG.
Sie sind darüber aufzuklären, welche Auswirkungen die vorgesehene Maßnahme

- auf ihren Arbeitsplatz,
- die Arbeitsumgebung
- sowie Inhalt und Art ihrer Tätigkeit hat.

Diese Pflicht zur Unterrichtung bezieht sich auch auf Unfall- und Gesundheitsgefahren. Sofern die beruflichen Kenntnisse und Fähigkeiten von Beschäftigten zur Erfüllung neuer Aufgaben nicht ausreichen, trifft den Arbeitgeber die Pflicht, mit ihnen darüber zu sprechen und zu erörtern, wie die beruflichen Kenntnisse und Fähigkeiten im Rahmen der betrieblichen Möglichkeiten den künftigen Anforderungen angepasst werden können, § 81 Abs. 4 Satz 2 BetrVG. Bei dieser Erörterung können Arbeitnehmer auch ein Mitglied des Betriebsrats hinzuziehen. Der Betriebs- oder Personalrat ist ohnehin zu beteiligen, sofern mit dem neuen Aufgabenbereich eine Versetzung verbunden ist. Auch im Vorfeld solcher Veränderungen haben die Interessenvertretungen ggf. Informations- und Mitbestimmungsrechte (s. Frage 83, 84).

36. Müssen Arbeitsverträge angepasst werden, wenn KI wesentliche Arbeitsprozesse übernimmt?

Zweifellos wird der Einsatz von KI die Arbeitsprozesse erheblich ändern – und davon werden viele Arbeitsplätze betroffen sein. Unter Umständen können dadurch Anpassungen des Arbeitsvertrages notwendig werden. Im Arbeitsvertrag ist die Funktion der Arbeitnehmer im Unternehmen geregelt. Zusätzlich verlangt § 2 Abs. 1 Satz 2 Nr. 5 Nachweisgesetz eine kurze Beschreibung der zu leistenden Tätigkeiten. Die entsprechenden Angaben im Arbeitsvertrag kennzeichnen die zu erbringende Arbeitsleistung, die vom Arbeitgeber im Rahmen seines Direktionsrechts zu konkretisieren ist. Berufliche Anforderungen verändern sich im Laufe der Zeit aufgrund des technischen Fortschritts – auch und insbesondere durch den Einsatz von KI. Da die Inhalte der Tätigkeit im Arbeitsvertrag meist nicht detailliert geregelt sind, besteht – analog zu Änderungen des Berufsbildes – ein gewisser Raum für Abweichungen. Es kann aber passieren, dass die KI durch die sukzessive Übernahme wesentlicher Arbeitstätigkeiten und -prozesse den Kerngehalt der arbeitsvertraglich geschuldeten Tätigkeit immer weiter ausdünnt oder gar den Beruf an sich obsolet macht. In einem solchen Fall könnten Arbeitgeber ihrer Beschäftigungspflicht nach dem Arbeitsvertrag nicht mehr nachkommen, wodurch eine Änderung des Arbeitsvertrags – einvernehmlich oder per Änderungskündigung – eventuell unausweichlich wäre. Steht im Unternehmen kein Arbeitsplatz zur Verfügung, den die betroffene Person nach ihren Qualifikationen, Kenntnissen und Fähigkeiten besetzen könnte, kommt eine Kündigung in Betracht.

37. Welche Arbeitsschutzmaßnahmen müssen beim Einsatz von KI getroffen werden?

Vielfach wird diskutiert, wie der Einsatz von KI die Sicherheit bei der Arbeit erhöhen kann. So könnten KI-Anwendungen die Beschäftigten bei gefährlichen Arbeiten beispielsweise anleiten und sie in Verbindung mit Sensortechnik auf Gefährdungssituationen hinweisen. Wenn KI allerdings im Bereich sicherheitsrelevanter Anwendungen eigesetzt wird, könnten Fehler das Leben oder die Gesundheit von Arbeitnehmern gefährden. Den Arbeitgeber trifft gemäß § 618 Abs. 1 BGB die Pflicht, bei der Nutzung von Vorrichtungen und Gerätschaften dafür Sorge zu tragen, dass das Leben und die Gesundheit der Arbeitnehmer gegen Gefahren – soweit möglich – abgesichert ist. Wenn Arbeitgeber KI einsetzen, die mutmaßlich keine Gewähr für Zuverlässigkeit bieten, haften Sie bzw. die Berufsgenossenschaft für daraus resultierende gesundheitliche Schäden.

Nicht zu vernachlässigen ist ferner die Intensivierung von psychischem Stress, der mit der Nutzung von KI-Anwendungen verbunden sein kann. Arbeitgeber haben vor dem Einsatz von KI ggf. eine Gefährdungsbeurteilung vorzunehmen und zu untersuchen, ob und inwieweit KI den psychischen Stress erhöhen könnte. Denkbar ist z. B., dass die Arbeit sich nach dem Takt der KI-Anwendungen richten soll, was zu einem Überforderungsszenario führen könnte. Auch die Beschränkung von eigenen Denk- und Kreativprozessen kann potenziell zu psychischem Stress führen. Ausgehend von den festgestellten Gefährdungen sind Gegenmaßnahmen zu treffen, um psychischen Krankheiten vorzubeugen.

38. Welche Rechte und Pflichten haben Arbeitnehmer hinsichtlich der Weiterbildung im Umgang mit KI-Systemen?

Grundsätzlich können Arbeitgeber von ihrem Personal erwarten, dass es an angebotenen Schulungen und Weiterbildungen teilnimmt, sofern diese notwendig sind, um Arbeitsaufgaben ordnungsgemäß zu erfüllen. Das ist besonders dann relevant, wenn sich die Arbeitsanforderungen aufgrund neuer Technologien – wie KI-Systemen – verändern. Diese Pflicht kann als Teil der arbeitsvertraglichen Nebenpflichten gesehen werden, die besagt, dass Mitarbeitende sich die notwendigen Kenntnisse und Fähigkeiten aneignen müssen, um ihre Arbeit sicher und effizient auszuführen. Nur so werden sie in der Lage sein, KI-Anwendungen ordnungsgemäß zu bedienen und Schäden für sich selbst und andere Arbeitnehmer, den Arbeitgeber sowie Dritte (Kunden, Geschäftspartner) zu vermeiden.

Es gibt zwar keine ausdrückliche arbeitsrechtliche Verpflichtung für Arbeitgeber, ihren Beschäftigten spezielle Schulungen zum Thema KI anzubieten. Allerdings verpflichtet Art. 4 KI-VO Arbeitgeber dazu, sicherzustellen, dass Personen, die in ihrem Auftrag mit dem Betrieb und der Nutzung von KI-Systemen befasst sind, über ein ausreichendes Maß an KI-Kompetenz verfügen. In der Praxis ist ohnehin dringend zu empfehlen, entsprechende Schulungen durchzuführen. Grund dafür ist, dass ungeschulte Beschäftigte, die mit KI-Systemen arbeiten, beispielsweise Datenschutzverletzungen begehen könnten. Diese Verstöße könnten dem Arbeitgeber zugerechnet werden und zu rechtlichen Konsequenzen führen.

Darüber hinaus ist der Schutz von Geschäftsgeheimnissen ein wichtiger Aspekt. Wenn Mitarbeiter unsachgemäß mit KI-Tools umgehen, könnten vertrauliche Informationen unbeabsichtigt offengelegt werden. Insofern ist es aus unternehmerischer Sicht sinnvoll, Schulungen anzubieten, um die Risiken zu minimieren.

Zudem können Beschäftigte einen Anspruch darauf haben, dass der Arbeitgeber ihnen die notwendigen Kenntnisse und Fähigkeiten vermittelt, um die neuen KI-gestützten Technologien in ihrer Arbeit korrekt und effizient nutzen zu können. Dieser Anspruch kann sich etwa aus den allgemeinen Fürsorgepflichten des Arbeitgebers oder aus Aspekten des Arbeitsschutzrechts ergeben.

Ist der KI-Einsatz mit Risiken für die Gesundheit der Beschäftigten verbunden, könnte ihnen ohne entsprechende Schulung im Einzelfall ein Zurückbehaltungsrecht hinsichtlich ihrer Arbeitsleistung zustehen.

39. Welche Unterstützungsangebote sollten Arbeitgeber für den Einsatz von KI bereitstellen?

Arbeitgeber sollten ihr Personal vor dem Einsatz von KI im Arbeitsverhältnis umfassend schulen. Es empfiehlt sich die Aufstellung eines ganzheitlichen Qualifizierungskonzepts unter Beteiligung des Betriebs- oder Personalrats. Ein umfassendes und durchdachtes Qualifizierungskonzept stellt sicher, dass sowohl die Beschäftigten als auch das Unternehmen von den Vorteilen der KI-Anwendungen profitieren können. Die Einbindung von KI bei der Arbeit erfordert mehr als den Verweis von Beschäftigten auf Online-Selbstlernangebote. Die Beschäftigten müssen für KI motiviert und gleichzeitig sensibilisiert werden. Dies ist im eigenen wohlverstandenen Interesse von Unternehmen und Dienststellen. Einführungs- und Vertiefungsseminare mit einer kleinen Teilnehmerzahl stellen sicher, dass die Grundlagen der KI-Nutzung vermittelt werden. Sinnvoll ist sicherlich die Möglichkeit für Beschäftigte, sich bei Fragen oder Problemen an Wissensmultiplikatoren zu wenden, sodass sie unmittelbare Unterstützung im Einzelfall erfahren, z. B. im Rahmen einer KI-Sprechstunde.

40. Wie kann sichergestellt werden, dass der Einsatz von KI-Systemen nicht zu Diskriminierung oder Benachteiligung der Arbeitnehmer führt?

Am wichtigsten ist es, dass man sich bewusst macht, dass der Einsatz von KI-Systemen in bestimmten Bereichen zu Diskriminierungen und Benachteiligungen der Arbeitnehmer führen kann. Bei der Bewerbung auf eine interne Stelle könnten KI-basierte Personalsysteme Personen aufgrund persönlicher Merkmale oder einer Minderheitenstellung aussieben. Der nächsten Gehaltserhöhung könnten fehlerhafte Annahmen über die erbrachte Arbeitsleistung entgegenstehen – etwa, weil die KI-generierten Zielvorgaben nicht realistisch waren. Ist KI mit Daten ausgestattet, denen Diskriminierungen und Benachteiligungen immanent sind, wird KI diese Daten als Maßstab für ihren Output heranziehen. Benachteiligungen und Diskriminierungen sind damit vorprogrammiert (s. Frage 22). Deshalb ist es wichtig sicherzustellen, dass die Ergebnisse von KI-Prozessen nicht unreflektiert übernommen werden. Sie sollten stets von Menschen kritisch geprüft werden.

Im besten Fall werden Risiken bereits vor der Implementierung der KI identifiziert und ausgeschlossen bzw. minimiert. Dazu könnten etwa interdisziplinäre Projektteams den Einsatz von KI unter verschiedenen Blickwinkeln auf ihre Compliance hin beleuchten, sodass am Ende eine Risikomatrix zusammengetragen werden kann.

Nach der Einführung sind regelmäßig stattfindende Audits des rechtskonformen und diskriminierungsfreien Einsatzes der KI eine Obliegenheit der Arbeitgeber. Ungeachtet dessen ist sicherzustellen, dass Beschäftigte nicht andere Nachteile beim Einsatz von KI erleiden. In Betriebs- oder Dienstvereinbarungen ist ihrem Schutz hinreichend Rechnung zu tragen. Niemand sollte etwa benachteiligt werden, weil er KI zunächst zurückhaltend nutzt und hierbei strikt auf den rechtskonformen Einsatz achtet. Das Maßregelungsverbot des § 612a BGB gilt auch im Kontext der KI-Nutzung. Die Regelung schützt Arbeitnehmer davor, für rechtmäßiges Verhalten wie etwa das Wahrnehmen von Urlaub oder Elternzeit, disziplinarisch oder auf andere Weise durch den Arbeitgeber benachteiligt zu werden – etwa indem sie bei Beförderungen nicht berücksichtigt werden.

Weiterhin sollten keine Beschäftigten bzw. Beschäftigtengruppen von der KI-Nutzung ausgegrenzt werden. Deshalb könnte es erforderlich sein, auf bestehende Einschränkungen Rücksicht zu nehmen und die KI-Anwendung so auszugestalten, dass alle Personen mit der KI-Anwendung in vielfältiger Art und Weise interagieren können.

41. Dürfen KI-Systeme zur Leistungsbewertung eingesetzt werden?

KI-Systeme zur Leistungsbewertung von Beschäftigen einzusetzen, ist nicht per se verboten. Das gilt sowohl für die Definition von Zielen als auch für den Prozess der Leistungsbeurteilung an sich. Gleichzeitig müssen Arbeitgeber sicherstellen, dass datenschutzrechtliche Bestimmungen eingehalten werden, insbesondere die Vorgaben des Art. 22 DSGVO zu automatisierten Entscheidungen. Zudem können entsprechende Systeme zur Leistungsbeurteilung als Hochrisiko-KI-Systeme nach der KI-VO einzuordnen sein (s. Frage 74). Auch die Regelungen des Allgemeinen Gleichbehandlungsgesetzes sind zu berücksichtigen. Die Kriterien und Prozesse der Leistungsbeurteilung sind den Arbeitnehmern gegenüber transparent zu machen. Das gilt insbesondere, wenn daran finanzielle Folgen geknüpft sind. Undurchsichtige Leistungsbeurteilungen könnten andernfalls arbeitsrechtliche Streitigkeiten nach sich ziehen. Nicht zuletzt sind bei der Nutzung von KI-Systemen zur Leistungsbeurteilung regelmäßig Mitbestimmungsrechte der Arbeitnehmervertretung betroffen, die ordnungsgemäß zu beteiligen ist (vgl. Frage 84).

42. Wie kann der Einsatz von KI-Systemen die Erwartungen an die Arbeitsleistung der Arbeitnehmer verändern?

Arbeitgeber können die Nutzung von KI-Systemen im Arbeitsverhältnis im Rahmen ihres Direktionsrechts anordnen (siehe Frage 29). Damit dürfte die Erwartung verbunden sein, dass die Beschäftigten mehr Arbeit in weniger Zeit leisten. Gerade standardisierte, immer wiederkehrende Tätigkeiten könnten künftig verstärkt von KI-Systemen abgebildet werden. Gleichzeitig wird von Mitarbeitenden erwartet, dass sie die KI-Systeme zwar nutzen, die Resultate jedoch nicht unreflektiert übernehmen. An der grundsätzlichen Zuordnung der Verantwortlichkeit für die Arbeitsergebnisse wird der Einsatz von KI-Systemen im Regelfall nichts ändern. Das kann allerdings anders zu beurteilen sein, wenn die KI-Systeme autonom Entscheidungen treffen oder Handlungen vornehmen, auf die die Beschäftigten keinen Einfluss haben.

43. Wie kann der Einsatz von KI die Arbeitszufriedenheit beeinflussen?

Die Zufriedenheit beim Einsatz von KI dürfte insbesondere davon abhängen, ob die Beschäftigten vorher in hinreichendem Maße befähigt werden. Ihnen müssen Wege aufgezeigt werden, wie die KI ihre Arbeit erleichtern kann. Gleichzeitig ist es wichtig, die Beschäftigten auf etwaige Risiken hinzuweisen, sie für wichtige Themenbereiche zu sensibilisieren und ihnen damit Berührungsängste zu nehmen. Von zentraler Bedeutung ist, dass der Einsatz von KI als unterstützendes Element bei der Arbeit betrachtet und dies entsprechend kommuniziert wird. Den Beschäftigten sollte deutlich gemacht werden, dass es nicht darum geht, sie durch KI-Systeme auszutauschen. Verbleiben auch im Rahmen der KI-Nutzung Freiräume für eigene Denk- und Kreativprozesse, kann KI die Arbeitszufriedenheit positiv beeinflussen, indem sie den Beschäftigten lästige Arbeiten abnimmt. Andernfalls könnte KI-Nutzung demotivieren und Arbeitnehmern das Gefühl vermitteln, dass ihre Arbeit weniger bedeutend ist.

44. Welche ethischen Aspekte müssen Beschäftigte beim Einsatz von KI berücksichtigen?

Die Beschäftigten sollten beim Einsatz von KI die gleichen ethischen Grundsätze berücksichtigen, die sie auch sonst in ihrem Sozial- und Berufsleben anlegen.[4] Der Einsatz von KI sollte also auf eine Weise erfolgen, die einen Bruch mit den wesentlichen und unverzichtbaren ethischen Standards – abseits der bloßen Einhaltung der gesetzlichen Bestimmun-

4 Die Expertengruppe für Künstliche Intelligenz der Europäischen Kommission hat schon 2019 »Ethik-Leitlinien für eine vertrauenswürdige KI« herausgegeben, die man auf der Webseite der Europäischen Kommission abrufen kann.

gen – ausschließt. Dazu gehört insbesondere, dass auch beim KI-Einsatz jederzeit die Menschenwürde und die Persönlichkeitsrechte von Personen geachtet werden. Unfaire Verhaltensweisen oder Entscheidungen, Diskriminierungen und Stigmatisierungen sind nicht durch den Einsatz von KI zu rechtfertigen. Erst recht darf KI nicht dazu genutzt werden, um anderen Schaden zuzufügen.
Ein Teilaspekt ethischen Verhaltens besteht aber auch darin, transparent zu machen, dass bei der Arbeit KI eingesetzt worden ist. Stets sollte das Ziel darin bestehen, das Potenzial von KI bei der Arbeit zu entfalten, ohne andere dabei zu beeinträchtigen. Das ist ein Spannungsverhältnis, da in den KI-Systemen unethische Entscheidungen angelegt sein können. Beschäftigte sollten sich hierüber stets im Klaren sein und darauf ein besonderes Augenmerk legen. Ein zu großes Vertrauen in KI-Systeme kann schädlich sein.

45. Wie kann die Zusammenarbeit zwischen Mensch und KI gestaltet werden?

Im besten Fall wird die Zusammenarbeit zwischen Mensch und KI so gestaltet, dass der Einsatz von KI als Gewinn für die Arbeit empfunden wird. Das setzt voraus, dass der Mensch mit seinen individuellen Bedürfnissen, Freiheiten und Rechten in den Mittelpunkt der Anwendung von KI gestellt wird. In diesem Zusammenhang ist häufig vom menschenzentrierten Ansatz die Rede. Gemeint ist, dass die KI-Systeme auf den Menschen ausgerichtet sein und dem Gemeinwohl dienen müssen. Es muss den Menschen auch im KI-Zeitalter möglich sein, selbstbestimmt zu handeln. Es wird in Zukunft darum gehen, mithilfe von KI die kognitiven, sozialen und kulturellen Fähigkeiten von Menschen zu stärken, zu ergänzen und zu fördern.[5] Das schließt nicht aus, dass die KI (wiederkehrende) Aufgaben des Menschen teilweise vollständig übernimmt und ihn dadurch entlastet. Die KI wird vielfach als Assistenz fungieren, die Informationen bereitstellt oder Vorschläge macht. Dadurch wird die Effizienz und die Qualität der Arbeit zunehmen. Die maßgeblichen Entscheidungen werden auf absehbare Zeit weiterhin von Menschen getroffen werden müssen, welche die freiwerdende Zeit – beruflich wie privat – anderen Themen widmen können.

5 »Ethik-Leitlinien für eine vertrauenswürdige KI«, a. a. O.

46. Wie können Arbeitnehmer ihre Kompetenzen im Umgang mit KI erweitern?

Offenheit gegenüber KI-Technologien und der Erwerb von Kompetenzen in diesem Bereich versetzen Personen in die Lage, den Anforderungen des modernen Arbeitsmarktes zu genügen. Wird der Einsatz von KI beim Arbeitgeber ermöglicht oder gar angeordnet, könnte es bereits interne Schulungen und Workshops zum Thema KI geben.

Aber auch abseits der Arbeit bestehen verschiedene Möglichkeiten, das Wissen über den Umgang mit KI zu erweitern. Viele generative KI-Anwendungen stehen in der Basisversion kostenfrei zur Verfügung und können als Spielwiese genutzt werden. Wer privat mit ChatGPT experimentiert, sei es durch das Erstellen einer Einkaufsliste, eines Trainingsplans oder einer Rede für die Silberhochzeit, übt damit das Prompten und schärft zugleich das Verständnis für die Funktionsweise von LLMs.

Im Internet gibt es frei verfügbare Leitfäden[6] und zahlreiche Online- und Präsenzkurse, in denen allgemeine oder spezifische KI-Themen behandelt werden. Vielfach sind diese Kurse kostenfrei verfügbar oder werden kostengünstig von Volkshochschulen angeboten.

Auf YouTube gibt es Zugriff auf zahlreiche gute Inhalte, die in die KI-Nutzung einführen. Für Neulinge auf diesem Gebiet könnte es beispielsweise interessant sein, sich auf dieser Plattform auf die Schnelle die Grundlagen des richtigen Promptings anzueignen (s. Frage 19).

Ambitioniertere KI-Interessenten hingegen können professionelle KI-Kurse buchen, die mehrere Module umfassen und auch mit einem Zertifikatserwerb verbunden sein können. Hierfür können Arbeitnehmer ggf. ihren Anspruch auf Bildungsurlaub nutzen.

Im beruflichen Kontext ist es zielführend, Angebote wie Peer-Learning- oder Mentoring-Programme zu schaffen und zu nutzen.

---

6 Das BSI hat mit internationalen Partnerbehörden z. B. einen Leitfaden zur sicheren Nutzung von KI unter dem Titel »Engaging with Artificial Intelligence (AI)« herausgebracht.

47. Wie können Konflikte beim Einsatz von KI am Arbeitsplatz vermieden werden?

Im Vorfeld eines KI-Einsatzes sollten die Beschäftigten über die Ziele, die Risiken und die Auswirkungen auf den Arbeitsplatz und die Arbeitsprozesse informiert werden. Im besten Fall werden sie frühzeitig in den Prozess der KI-Einführung einbezogen und können ihre Sichtweise und eventuelle Bedenken einbringen. Das erhöht die Akzeptanz gegenüber den KI-Systemen. Wichtig ist in diesem Zusammenhang auch, dass das Personal durch Schulungs- und Weiterbildungsangebote entsprechend qualifiziert wird. Es bietet sich an, eine KI-Richtlinie und/oder eine entsprechende Betriebs- oder Dienstvereinbarung zu verabschieden, um den Beschäftigten einen Handlungsleitfaden für die KI-Nutzung an die Hand zu geben. Dort können auch ethische und rechtliche Standards der KI-Nutzung niedergelegt werden. Darüber hinaus sollten Beschäftigte Gelegenheit haben, sich bei Fragen an KI-Experten bzw. fortgeschrittene KI-Nutzer zu wenden. Nicht zuletzt ist es wichtig, proaktiv das Feedback der Beschäftigten einzuholen, um ggf. Anpassungen vorzunehmen und Konflikten vorzubeugen.

48. An wen können Arbeitnehmer sich wenden, wenn es zu Konflikten kommt?

Grundsätzlich sollten Arbeitnehmer zunächst das Gespräch mit den Vorgesetzten bzw. der Geschäftsführung suchen. Dies ist insbesondere angezeigt, wenn der Konflikt auf grundsätzliche Bedenken zum KI-Einsatz zurückzuführen ist. Bei bloßen technischen Schwierigkeiten hingegen sollten sich Beschäftigte an die Instanz im Unternehmen wenden, die für die KI-Anwendung technisch verantwortlich ist.

Bei rechtlichen Verstößen können sie sich ggf. als Hinweisgeber anonym an die entsprechenden Meldestellen im Unternehmen wenden. Ein solcher Verstoß läge z. B. vor, wenn die Nutzung von KI entgegen den Vorgaben des Art. 22 DSGVO (vgl. Frage 24) auf automatisierte Entscheidungen ausgelegt wäre. In diesem Fall sowie bei allen datenschutzrechtlichen Vorkommnissen und Konflikten können sich Beschäftigte aber auch an den Datenschutzbeauftragten des Unternehmens wenden und sich von ihm beraten lassen.

Bei Diskriminierungen, Benachteiligungen oder sonstigen Beeinträchtigungen durch den Einsatz von KI haben Beschäftigte die Möglichkeit, eine Beschwerde an den Betriebsrat bzw. den Personalrat zu adressieren oder sich an gewerkschaftliche Beratungsstellen zu wenden. Ansprechpartner können – etwa in Diskriminierungsfällen durch die KI – außerdem die Schwerbehindertenvertretung oder Gleichstellungsbeauftragte sein. Sollte es um Fragen der physischen und psychischen Gesundheit bei der KI-Nutzung gehen, könnte es angezeigt sein, die Fachkraft für Arbeitssicherheit hinzuzuziehen oder sich an den Arbeitsschutzausschuss zu wenden.
Auch besteht die Möglichkeit, sich an die zuständigen Aufsichtsbehörden zu wenden – vor allem dann, wenn der Arbeitgeber keine Abhilfe schafft. Sollte es durch die KI zu einer Pflichtverletzung des Arbeitgebers kommen, z. B. weil die KI eine Person diskriminiert, benachteiligt oder unzulässig überwacht, können sich Betroffene hierzu anwaltlich beraten und Ansprüche gegen den Arbeitgeber durchsetzen lassen. Unter Umständen stehen den Beschäftigten gegen den Arbeitgeber auch Unterlassungsansprüche zu.

D. Datenschutzrechtliche Vorgaben: Was gilt beim KI-Einsatz?

Der Einsatz von KI im Betrieb oder in der Dienststelle wirft datenschutzrechtliche Fragen auf. Insbesondere im Umgang mit personenbezogenen Daten müssen Unternehmen und öffentliche Stellen sorgfältig vorgehen, um den Anforderungen der DSGVO und des BDSG gerecht zu werden. Dieses Kapitel gibt einen Überblick darüber, welche Daten im Kontext von KI-Systemen anfallen, welche Informationen verarbeitet werden dürfen und welche Daten besser nicht eingegeben werden sollten.
Ein besonderer Fokus liegt dabei auf dem Schutz von Beschäftigtendaten sowie den notwendigen technischen und organisatorischen Maßnahmen. Ebenso wird die Datenschutz-Folgenabschätzung und der Umgang mit speziellen Herausforderungen wie dem Datentransfer in die USA angesprochen. Ziel ist es, praxisnahe Handlungsempfehlungen zu geben, die den sicheren und datenschutzgerechten Einsatz von KI im Arbeitsumfeld ermöglichen.

49. Welche Daten fallen bei der Verwendung von LLMs an?

Bei der Nutzung von großen Sprachmodellen fallen – abhängig vom gewählten Anbieter und der zu Grunde liegenden Lizenzierung – unterschiedliche Daten an:

- Interaktionsdaten zeigen das Benutzerverhalten und sollen dem Anbieter helfen, die Anwendung zu verbessern. Daneben sind Leistungsdaten, wie Antwortzeiten und Daten zur Genauigkeit (Erfolgsraten, Fehlerquoten, Nutzerfeedback), wichtig, um die Qualität und Effizienz des Modells zu überwachen.

- Nutzerbezogene Daten wie Namen, IP-Adressen und damit auch Standortdaten, Spracheinstellungen und persönliche Vorlieben können verarbeitet werden, um personalisierte Antworten zu ermöglichen.
- Diagnosedaten, darunter Fehlermeldungen und Logdaten, geben dem Anbieter Aufschluss über technische Probleme und die Funktionsweise des Modells, um eine schnelle Fehlerbehebung, sowie die Optimierung des LLMs zu ermöglichen.

50. Was regelt die DSGVO in Bezug auf KI?

Die Datenschutz-Grundverordnung (DSGVO) der Europäischen Union regelt den Schutz personenbezogener Daten. Im Kern stellt die DSGVO sicher, dass personenbezogene Daten nur rechtmäßig, transparent und für legitime Zwecke verarbeitet werden. Auch beim Einsatz von KI-Systemen sind diese Grundsätze strikt einzuhalten – wenn personenbezogene Daten betroffen sind. Über diese allgemeinen Grundsätze hinaus enthält die DSGVO aber auch spezifische Regelungen zur automatisierten Entscheidungsfindung die auch für KI von Bedeutung sind. Artikel 22 der DSGVO besagt, dass Personen das Recht haben, nicht einer Entscheidung unterworfen zu werden, die ausschließlich auf automatisierter Verarbeitung – einschließlich Profiling – beruht und rechtliche oder ähnlich erhebliche Auswirkungen auf sie hat. Für datenschutzrechtlich Verantwortliche bedeutet das, dass sie Transparenz und Nachvollziehbarkeit automatisierter Entscheidungen – etwa durch eine KI – sicherstellen müssen. Die betroffenen Personen müssen zum einen darüber informiert werden, dass solche Entscheidungen getroffen werden, zum anderen muss ihnen die Logik hinter diesen Entscheidungen erklärt werden. Weiterhin haben sie das Recht, eine menschliche Überprüfung der Entscheidung zu verlangen, ihre Meinung zu äußern und die Entscheidung anzufechten. Diese Regelungen sollen sicherstellen, dass Personen nicht vollständig von automatisierten Prozessen abhängig sind und eine gewisse menschliche Kontrolle gewährleistet bleibt.

51. Was regelt das BDSG in Bezug auf KI?

Das Bundesdatenschutzgesetz (BDSG) ergänzt die Datenschutz-Grundverordnung (DSGVO), die europaweit gilt, durch spezifische Regelungen, die in Deutschland gelten. Wie die DSGVO greift es nur, wenn personenbezogene Daten verarbeitet werden. Das BDSG enthält keine speziellen Regelungen für KI, sondern wendet die allgemeinen Datenschutzprinzipien auch auf KI-Anwendungen an.
Für die Arbeitswelt besonders relevant ist § 26 BDSG, der die Verarbeitung personenbezogener Daten im Beschäftigungsverhältnis regelt. Arbeitgeber sind verpflichtet, auch bei der Nutzung von KI-Systemen die Rechte der Beschäftigten zu wahren und geeignete Schutzmaßnahmen zu ergreifen (vgl. Frage 58).

52. Welche Risiken bestehen für den Datenschutz beim Einsatz von KI?

KI-Systeme sammeln und verarbeiten große Mengen an Daten. Gelangen diese Daten in die falschen Hände, etwa durch Sicherheitsverletzungen wie Datenlecks, kann das erhebliche Datenschutzverletzungen nach sich ziehen.
Zudem können KI-Systeme detaillierte Profile erstellen, was zu diskriminierenden Entscheidungen führen kann, insbesondere wenn voreingenommene Daten verwendet werden. Die mangelnde Transparenz der KI-Algorithmen erschwert es, die Entscheidungsprozesse nachzuvollziehen, was die Überprüfbarkeit der Datenverarbeitung einschränkt. Häufig werden personenbezogene Daten datenschutzwidrig ohne ausdrückliche Einwilligung der betroffenen Personen verarbeitet. Das geschieht, wenn ein Anwender personengezogene Daten von Dritten durch die KI verarbeiten lässt, ohne deren Zustimmung vorab einzuholen.
So ist auch eine Zweckentfremdung von Daten möglich, die ursprünglich für einen bestimmten Zweck gesammelt wurden. Weist ein Anwender eine KI etwa an, eingegebene Gehaltsdaten von Mitarbeitern zu analysieren, wäre der datenschutzrechtliche Zweck auf diese Analyse begrenzt. Wird aber eine KI genutzt, welche die Eingabedaten auch für das Training verwendet, sind diese Daten dauerhaft in der KI verfügbar und können damit

auch Missbrauch oder unbeabsichtigte Offenlegung begünstigen. Dadurch werden die Daten rechtswidrig länger zugänglich als für die Zweckerreichung notwendig.
Ein weiterer Aspekt ist die Nutzung von digital zugänglichen Daten wie personenbezogenen Daten aus dem Impressum oder Quelltext einer Webseite, die ohne jegliche Zustimmung zum Training einer KI genutzt werden. Unternehmen und Organisationen sollten beim Einsatz von KI strenge Datenschutzrichtlinien implementieren und diese auch nachhalten, um die genannten Risiken zu minimieren.

53. Gibt es Daten, die man grundsätzlich besser nicht ein LLM eingeben sollte?

Es gibt bestimmte Daten, die man grundsätzlich nicht in LLMs eingeben sollte, um Datenschutzverletzungen und rechtliche Probleme zu vermeiden. Zu den sensiblen und schützenswerten Daten gehören persönliche Identifikationsdaten wie Namen, Adressen, Telefonnummern, Sozialversicherungsnummern, Bankkontodaten und Kreditkartennummern. Diese Informationen sind besonders anfällig für Missbrauch und Identitätsdiebstahl. Auch Gesundheitsdaten (diese sind besonders schützenswert, vgl. Art. 9 DSGVO), einschließlich medizinischer Berichte und Diagnosen sollten nicht in LLMs eingegeben werden, um die Privatsphäre und Vertraulichkeit zu wahren.
Geschäftsgeheimnisse und vertrauliche Unternehmensdaten, zu denen interne Geschäftsstrategien, Pläne und Prototypen gehören, sollten ebenfalls geschützt werden. Während urheberrechtlich geschützte Texte ggf. noch in ein LLM eingeben werden können, etwa um eine Zusammenfassung zu erstellen, solange dies privat oder für nicht-kommerzielle wissenschaftliche Zwecke geschieht und keine Verbreitung der Ergebnisse erfolgt, muss spätestens für jede Form der Veröffentlichung oder kommerziellen Nutzung die Zustimmung des Rechteinhabers eingeholt werden.
Es ist entscheidend, die Rechte der betroffenen Personen zu respektieren, alle eingegebenen Daten im Einklang mit den geltenden Urheberrechtsgesetzen und Lizenzbedingungen zu verwenden und sicherzustellen, dass betroffene Personen über die Verarbeitung ihrer Daten informiert sind und gegebenenfalls ihre Einwilligung erteilt haben.

54. Dürfen Beschäftigtendaten (z.B. in Personalmanagementsystemen) durch KI-Tools verarbeitet werden?

Beschäftigtendaten dürfen durch KI-Tools verarbeitet werden, sofern dabei die gesetzlichen Regelungen, insbesondere des BDSG und der DSGVO, beachtet werden. Die Verarbeitung muss für die Begründung, Durchführung oder Beendigung des Beschäftigungsverhältnisses erforderlich sein, § 26 Abs. 1 BDSG bzw. Art. 6 Abs. 1f) DSGVO.

Beispielsweise können KI-Tools verwendet werden, um Bewerbungen zu analysieren, die Leistung von Beschäftigten zu bewerten oder Schulungsbedarfe zu ermitteln. Die Verarbeitung muss verhältnismäßig sein, das heißt, sie muss in einem angemessenen Verhältnis zum Zweck stehen und die Rechte der Beschäftigten wahren.

Ist die Datenverarbeitung nicht »erforderlich«, kann sie auf eine Einwilligung der betroffenen Person gestützt werden. Für eine wirksame datenschutzrechtliche Einwilligung sind folgende Voraussetzungen zu erfüllen:

- Freiwilligkeit: Die Einwilligung muss freiwillig, also ohne jeglichen Zwang erfolgen.
- Informiertheit: Die betroffene Person muss umfassend über den Zweck und Umfang der Datenverarbeitung informiert sein.
- Eindeutige Willensbekundung: Die Einwilligung muss durch eine eindeutige Handlung oder Erklärung erteilt werden.
- Widerrufbarkeit: Die betroffene Person muss jederzeit die Möglichkeit haben, die Einwilligung zu widerrufen.
- Zweckbindung: Die Einwilligung gilt nur für den spezifischen, eindeutig genannten Zweck.
- Unmissverständlichkeit: Die Erklärung muss klar und verständlich formuliert sein, sodass die betroffene Person eindeutig versteht, wozu sie einwilligt.

Beschäftigte müssen also klar verstehen, welche Daten wie und warum verarbeitet werden und haben das Recht, ihre Einwilligung jederzeit zu widerrufen. Insbesondere an das Kriterium der »Freiwilligkeit« sind im arbeitsrechtlichen Kontext besonders hohe Anforderungen geknüpft, da hier das Machtgefälle zwischen Arbeitgeber und Beschäftigten zu berücksichtigen ist. Die Information darüber, wie ihre Daten durch KI-Tools ver-

arbeitet werden, umfasst Details über die Art der Daten, den Verarbeitungszweck, die Speicherdauer und die Betroffenenrechte (z. B. Löschung oder Berichtigung der Daten der gespeicherten Daten).
Beschäftigte haben vor allem das Recht, nicht ausschließlich einer automatisierten Entscheidung unterworfen zu werden, die rechtliche oder ähnlich erhebliche Auswirkungen auf sie hat, ohne dass eine menschliche Überprüfung erfolgt (vgl. Frage 30). Dies wäre etwa der Fall, wenn über eine Beförderung oder Entlassung allein durch die KI entschieden würde.

55. Wie können Beschäftigte zum Schutz ihrer eigenen Daten beim Einsatz von KI beitragen?

Beschäftigte können aktiv zum Schutz ihrer eigenen Daten beitragen. Zunächst sollten sie sich über die Datenschutzrichtlinien ihres Unternehmens informieren, insbesondere darüber, wie die genutzten KI-Systeme ihre Daten verarbeiten. Es ist wichtig, gezielt nachzufragen, welche Daten gesammelt werden, zu welchem Zweck das erfolgt und wie diese Daten geschützt werden. Beschäftigte sollten sorgfältig prüfen, ob und wofür sie eine Einwilligung erteilen und sicherstellen, dass sie den konkreten Verarbeitungszweck vollständig verstehen. Sie sollten sich darüber bewusst sein, dass sie ihre Einwilligung jederzeit widerrufen können. Zudem haben Beschäftigte das Recht, von ihrem Arbeitgeber Auskunft über die Verarbeitung ihrer personenbezogenen Daten zu verlangen. Sie können nachfragen, welche Daten gesammelt wurden, wie diese verarbeitet werden und wer Zugriff darauf hat und die Berichtigung falscher Daten und/oder die Löschung von Daten einfordern, wenn diese nicht mehr notwendig sind oder unrechtmäßig verarbeitet wurden (s. Frage 62).
Es ist entscheidend, dass Beschäftigte ein Bewusstsein für die Sicherheit ihrer Daten entwickeln. Schulungen und Weiterbildungen zum Thema Datenschutz helfen, dieses Wissen aufzubauen und/oder zu vertiefen. Durch diese Maßnahmen schützen Beschäftigte aktiv ihre Daten, fördern die Einhaltung der Datenschutzvorgaben in der Organisation und tragen gleichzeitig zu einer verantwortungsvollen Nutzung von KI-Systemen bei.

56. Welche Rolle spielt der Datenschutzbeauftragte beim Einsatz von KI?

Datenschutzbeauftragte spielen eine zentrale Rolle beim Einsatz von datenverarbeitenden Systemen, insbesondere beim Einsatz von KI. Sie sollten möglichst frühzeitig in die Planungsprozesse eingebunden werden, um sicherzustellen, dass datenschutzrechtliche Anforderungen von Beginn an berücksichtigt werden. Datenschutzbeauftragte unterstützen die Verantwortlichen – sei es in Unternehmen oder öffentlichen Einrichtungen – durch Beratung und regelmäßige Überprüfungen der Datenverarbeitung, um die Einhaltung der Datenschutzvorschriften sicherzustellen (zu Stellung und Aufgaben der Datenschutzbeauftragten siehe Art. 38 und 39 DSGVO).

Besonders bei KI-Systemen, die in der Regel große Datenmengen verarbeiten und komplexe Analysen durchführen, ist es entscheidend, dass die datenschutzrechtlichen Grundsätze der DSGVO eingehalten werden. Das ist gerade beim Einsatz fremdentwickelter KI-Systeme oft nicht ganz unproblematisch. Wesentliche datenschutzrechtliche Grundsätze des Art. 5 DSGVO, die beim Einsatz von KI-Systemen besonders beachtet werden müssen, sind:

- Transparenz: Betroffene müssen klar und verständlich darüber informiert werden, welche Daten zu welchem Zweck verarbeitet werden.
- Datenminimierung: Es dürfen nur die für den jeweiligen Zweck erforderlichen Daten erhoben und verarbeitet werden.
- Zweckbindung: Die erhobenen Daten dürfen nur für den ursprünglichen, klar definierten Zweck verwendet werden.
- Richtigkeit: Personenbezogene Daten müssen sachlich richtig und auf dem neuesten Stand sein, um den Verarbeitungszweck zu erfüllen.
- Speicherbegrenzung: Daten dürfen nicht länger gespeichert werden, als es für die Zwecke, für die sie verarbeitet wurden, erforderlich ist.

Bei Datenverarbeitungen, die ein hohes Risiko für die Rechte und Freiheiten der betroffenen Personen darstellen, führen Verantwortliche – beraten vom Datenschutzbeauftragten – sog. Datenschutz-Folgenabschätzungen durch, um potenzielle Risiken aufzudecken und Maßnahmen zur Risikominderung umzusetzen (s. Frage 63). Diese sind bei KI-Systemen oft erforderlich, da die Verarbeitung großer Datenmengen oder die Auto-

matisierung von Entscheidungen in der Regel höhere Risiken für die Betroffenen mit sich bringen.
Um eine datenschutzkonforme Handhabung von KI-Systemen sicherzustellen, können Datenschutzbeauftragte auch Schulungen und Weiterbildungen für Mitarbeitende organisieren, damit alle Beteiligten über die spezifischen datenschutzrechtlichen Anforderungen im Umgang mit KI informiert sind.
Datenschutzbeauftragte fungieren zudem als Ansprechpartner für Aufsichtsbehörden sowie für betroffene Personen, die ihre Rechte gemäß der DSGVO geltend machen wollen (Art. 38 Abs. 4 DSGVO). Bei Datenschutzverletzungen leiten sie die notwendigen Schritte zur Eindämmung des Vorfalls ein und stellen sicher, dass eine Meldung an die zuständige Aufsichtsbehörde erfolgt (Art. 33 und 34 DSGVO).

57. Was gilt für kleinere Unternehmen, die keinen Datenschutzbeauftragten haben?

Auch kleinere Unternehmen müssen beim Einsatz von KI die datenschutzrechtlichen Vorgaben einhalten. Sie sollten zudem prüfen, ob sie ggf. aufgrund des KI-Einsatzes einen Datenschutzbeauftragten bestellen müssen. Zwar gilt nach deutschem Recht grundsätzlich, dass die Bestellung eines Datenschutzbeauftragten erforderlich ist, wenn mindestens 20 Personen regelmäßig mit der automatisierten Verarbeitung personenbezogener Daten befasst sind (§ 38 Abs. 1 S. 1 BDSG). Unabhängig von dieser Grenze muss aber einen Datenschutzbeauftragten bestellen, wer Datenverarbeitungen durchführt, die eine Datenschutz-Folgenabschätzung erforderlich machen (§ 38 Abs. 1 S. 2 BDSG). Das wiederum wird bei der Einführung von KI-Systemen häufig der Fall sein (s. Frage 64). Zur Prüfung, ob ein Datenschutzbeauftragter bestellt werden muss (und auch für den Fall, dass dies nicht erforderlich sein sollte), können kleinere Unternehmen in Sachen KI-Einführung und Datenschutz auf externe Hilfe zurückgreifen. Die Industrie- und Handelskammern (IHK) sowie Branchenverbände etwa bieten Schulungen und praxisnahe Beratung an.

58. Welche technischen und organisatorischen Schutzmaßnahmen sind beim Einsatz von KI erforderlich?

Beim Einsatz von KI sind verschiedene technische und organisatorische Schutzmaßnahmen erforderlich, um den Schutz personenbezogener Daten nach der DSGVO zu gewährleisten:

- Datenminimierung: Es werden nur die notwendigen Daten erhoben und verarbeitet, um das Risiko von Datenschutzverletzungen zu verringern.
- Pseudonymisierung und Anonymisierung: Wo möglich, sollten Daten pseudonymisiert oder anonymisiert werden (s. Frage 58 und 59).
- Verschlüsselungstechniken: Diese schützen Daten während der Übertragung und Speicherung, sodass sie für unbefugte Dritte unlesbar bleiben.
- Zugriffskontrollen: Nur autorisierte Personen erhalten Zugriff auf die Daten und KI-Systeme, wobei starke Authentifizierungsverfahren und die Verwaltung von Benutzerrechten unerlässlich sind.
- Regelmäßige Sicherheitsüberprüfungen und Penetrationstests: Diese helfen, Schwachstellen in den KI-Systemen zu identifizieren und zu beheben.
- Audit-Logs und kontinuierliche Überwachung: Alle Zugriffe und Änderungen werden protokolliert, um verdächtige Aktivitäten zu erkennen und darauf zu reagieren.
- Klare Datenschutzrichtlinien und Schulungen: Organisatorische Maßnahmen umfassen die Entwicklung und Implementierung klarer Richtlinien und regelmäßiger Schulungen, um das Bewusstsein für Risiken zu fördern und die Einhaltung der Sicherheitsprotokolle sicherzustellen.
- Datenschutz-Folgenabschätzungen: Bei der Einführung und Nutzung von KI-Systemen sollten diese durchgeführt werden, um potenzielle Risiken zu identifizieren und zu minimieren.

Darüber hinaus ist es wichtig, Verantwortlichkeiten und Zuständigkeiten klar zu definieren. Vertragliche Regelungen mit Drittanbietern und Dienstleistern müssen sicherstellen, dass auch diese die Datenschutzvorgaben einhalten.

59. Wie funktioniert die Pseudonymisierung von Daten?

Pseudonymisierung und Anonymisierung sind zwei Verfahren zum Schutz personenbezogener Daten. Bei der Pseudonymisierung werden personenbezogene Daten so verändert, dass sie ohne zusätzliche Informationen nicht mehr einer spezifischen Person zugeordnet werden können. Dies geschieht durch Ersetzen identifizierender Merkmale (wie Name oder Sozialversicherungsnummer) durch ein Pseudonym (z. B. eine zufällige Kennziffer). Die Beziehung zwischen den Pseudonymen und den ursprünglichen Identitäten bleibt erhalten und kann durch autorisierte Personen mit entsprechender Berechtigung oder zusätzliche Informationen wiederhergestellt werden. Pseudonymisierung bietet somit einen erhöhten Datenschutz, ohne die Möglichkeit zu verlieren, bei Bedarf die Identität wieder herzustellen.

Beispiele:

- In einer medizinischen Studie werden Patientennummern anstelle von Namen verwendet, wobei ein separater Schlüssel eine spätere Zuordnung der Ergebnisse zu den Patienten ermöglicht.
- In einem Unternehmen werden die Arbeitszeiten von Mitarbeitenden pseudonymisiert gespeichert. Anstelle von Namen werden Nummern verwendet, sodass die genauen Arbeitszeiten einzelner Personen intern gespeichert, aber im Auswertungstool nur als »Mitarbeiter_12345« angezeigt werden. Die tatsächlichen Namen bleiben durch einen separaten Schlüssel verknüpft.

60. Wie funktioniert die Anonymisierung von Daten?

Bei der Anonymisierung werden personenbezogene Daten so verändert, dass die Identifizierung der betroffenen Personen dauerhaft unmöglich wird. Alle identifizierenden Merkmale werden entweder entfernt oder derart verändert, dass eine Re-Identifizierung ausgeschlossen ist. Nach der Anonymisierung können die Daten nicht mehr auf eine spezifische Person zurückgeführt werden, selbst wenn zusätzliche Informationen verfügbar sind. Die Anonymisierung bietet daher den höchsten Grad an Datenschutz, da die Daten de facto nicht mehr personenbezogen sind.

Beispiele:
- In einem Datensatz mit Kundeninformationen werden alle eindeutigen persönlichen Identifikatoren wie Name, Adresse, Telefonnummer und E-Mail-Adresse gelöscht oder durch allgemeine Kategorien (z. B. »Kunde 1«, »Kunde 2«) ersetzt, sodass eine Rückverfolgung auf die Person unmöglich wird.
- Ein Betrieb führt eine Gesundheitsstudie unter den Arbeitnehmern durch, um das betriebliche Gesundheitsmanagement zu verbessern. Alle persönlichen Informationen wie der Name oder die Position werden aus den Datensätzen entfernt, sodass nur allgemeine Gesundheitsdaten ausgewertet werden (z. B. Häufigkeit von Rückenschmerzen in bestimmten Abteilungen).

61. Welche Richtlinien gibt es für die Dauer der Datenspeicherung und -löschung?

Personenbezogene Daten dürfen nur so lange gespeichert werden, wie es für den jeweiligen Zweck erforderlich ist, Art. 5 Abs. 1e) DSGVO. Sobald die Daten nicht mehr benötigt werden, müssen sie gelöscht oder anonymisiert werden. Dies gilt für alle Arten von personenbezogenen Daten, also auch, wenn sie von KI-Systemen verarbeitet werden. Unternehmen müssen Konzepte für die Datenspeicherung und -löschung entwickeln, die die spezifischen Aufbewahrungsfristen für verschiedene Datenkategorien festlegen. Beispielsweise können Beschäftigtendaten oder Gesundheitsdaten unterschiedlichen gesetzlichen Aufbewahrungs- und damit auch Löschfristen unterliegen. Eingesetzte KI-Systeme sollten daher mit Funktionen zur automatisierten Löschung ausgestattet sein, um sicherzustellen, dass Daten nach Ablauf der festgelegten Fristen gelöscht werden.

62. Wie können die Betroffenenrechte der DSGVO beim KI-Einsatz umgesetzt werden?

Die DSGVO gibt den von einer Datenverarbeitung betroffenen Personen verschiedene Rechte an die Hand, die sog. Betroffenenrechte. Diese Rechte – insbesondere das auf Löschung und Berichtigung sowie das Auskunftsrecht – müssen in KI-Systemen konsequent umgesetzt werden. Sobald ein Löschantrag eingeht, muss das KI-System die entsprechenden Daten vollständig und irreversibel löschen können. Zudem muss das

System benutzerfreundliche Funktionen bieten, um das Vorhandensein personenbezogener Daten abzufragen (Auskunft) sowie schnell und einfach zu korrigieren (Berichtigung). Nach einer Berichtigung muss zudem sichergestellt werden, dass die aktualisierten Daten in allen relevanten Systemen übernommen werden. Jede Datenberichtigung sollte protokolliert und überwacht werden, um die Einhaltung der Anfragen und die Datenintegrität sicherzustellen.
Beim Einsatz von KI kann es schwierig sein, die Betroffenenrechte zu gewährleisten, da die Entscheidungsprozesse vieler KI-Systeme (z. B. durch maschinelles Lernen) für die betroffenen Personen und sogar für die Verantwortlichen oft nicht vollständig verständlich sind. Unternehmen und Behörden müssen daher im Vorfeld eines KI-Einsatzes prüfen, ob sich ihre datenschutzrechtlichen Verpflichtungen in der jeweiligen KI-Anwendung umsetzen lassen.

63. Was ist eine Datenschutz-Folgenabschätzung?

Die Datenschutz-Folgenabschätzung (DSFA) ist ein Verfahren, um die Auswirkungen einer Datenverarbeitung auf den Schutz personenbezogener Daten zu bewerten, sozusagen ein »datenschutzrechtliches Frühwarnsystem«.[7] Ziel der DSFA ist es, potenzielle Risiken für personenbezogene Daten frühzeitig zu identifizieren und zu bewerten sowie geeignete Maßnahmen zur Risikominderung festzulegen. Im Rahmen der DSFA werden auch die erforderlichen technischen und organisatorischen Maßnahmen (vgl. Frage 58) ermittelt. Ihre Ergebnisse müssen schriftlich dokumentiert werden. Sofern die DSFA zu dem Ergebnis kommt, dass sich hohe Risiken für die Rechte und Freiheiten natürlicher Personen nicht durch geeignete Maßnahmen eindämmen lassen, muss der Verantwortliche die zuständige Aufsichtsbehörde konsultieren, bevor mit der Datenverarbeitung begonnen wird (Art. 36 DSGVO).

---

7 Wedde in: Däubler/Wedde/Weichert, Sommer, EU-DSGVO und BDSG Kompaktkommentar, 3. Aufl. 2024, Art. 35 DSGVO Rn. 1.

64. Ist bei der Einführung von KI eine Datenschutz-Folgenabschätzung erforderlich?

Der datenschutzrechtlich Verantwortliche ist verpflichtet, eine DSFA durchzuführen, wenn eine Datenverarbeitung voraussichtlich ein hohes Risiko für die Rechte und Freiheiten natürlicher Personen mit sich bringt (Art. 35 DSGVO).

Dies ist der Fall, wenn KI-Systeme große Mengen an Daten analysieren, komplexe Entscheidungen treffen oder sensible Daten wie Gesundheitsinformationen verarbeiten. Auch die systematische und umfassende Verarbeitung und Bewertung persönlicher Aspekte zum Zweck des Profiling oder zur Verhaltensüberwachung machen eine DSFA erforderlich.

Eine DSFA ist etwa durchzuführen bei:

- der Standorterfassung von Fahrzeugen mittels GPS-Tracking im Logistikbereich,
- dem Einsatz von KI-Systemen sowie bei ChatGPT,
- pauschalen Speicherungen der Aufrufe von Webseiten durch Beschäftigte oder
- Einrichtungen unternehmensinterner Meldeplattformen nach dem Hinweisgeberschutzgesetz.[8]

Bei der Einführung von KI können mehrere Voraussetzungen für die Durchführung einer DSFA erfüllt sein. Die Beurteilung bleibt jedoch immer eine Einzelfallprüfung.

65. Wie wird eine Datenschutz-Folgenabschätzung durchgeführt?

Um zu verdeutlichen, wie eine DSFA abläuft, betrachten wir das Beispiel eines Unternehmens, das ein KI-gestütztes Bewerbermanagementsystem einführt. Dieses System soll eingehende Bewerbungen analysieren und eine Vorauswahl treffen. Dabei werden Lebensläufe, Anschreiben und Fragebögen von einem Algorithmus automatisch bewertet.

1. Zu Beginn wird das Vorhaben detailliert beschrieben. Es geht darum, den genauen Zweck und die Funktionsweise des KI-Systems zu ver-

8 Wedde, a.a.O., Art. 35 DSGVO, Rn. 2.

stehen: Welche Daten werden verarbeitet? Wie erfolgt die Analyse? Im Beispiel unseres Bewerbermanagementsystems wird schnell klar, dass sensible personenbezogene Daten wie Name, Kontaktdaten und Qualifikationen erfasst und verarbeitet werden. Dieser erste Schritt dient dazu, das System und die damit verbundenen datenschutzrechtlichen Herausforderungen zu erfassen.
2. Anschließend wird die Notwendigkeit und Verhältnismäßigkeit des Systems geprüft. Hierbei stellt sich die Frage, ob der Einsatz der KI erforderlich ist, um die gewünschte Bewerber-Vorauswahl zu treffen, oder ob weniger eingreifende Mittel dasselbe Ziel erreichen könnten.
3. Ein zentraler Bestandteil der DSFA ist die Identifizierung von Risiken für die Rechte und Freiheiten der betroffenen Personen. Im Fall des Bewerbermanagementsystems könnten solche Risiken zum Beispiel darin bestehen, dass die KI unbewusste Vorurteile entwickelt und bestimmte Bewerbergruppen benachteiligt. Ein weiteres Risiko könnte der unbefugte Zugriff auf die sensiblen Daten sein, der durch Sicherheitslücken im System möglich wird.
4. Im nächsten Schritt werden die identifizierten Risiken bewertet und geeignete Maßnahmen zur Risikominderung festgelegt. In unserem Beispiel könnte eine Maßnahme zur Vermeidung von Diskriminierung darin bestehen, den Algorithmus regelmäßig auf Fairness zu prüfen und die Daten anonymisiert zu verarbeiten. Um den Datenschutz technisch zu gewährleisten, könnten Verschlüsselung und strenge Zugriffsrechte implementiert werden.
5. Zuletzt wird der gesamte Prozess der Datenschutzfolgenabschätzung dokumentiert. Wichtig ist, dass die DSFA nicht als einmaliger Schritt verstanden wird. Das System sollte kontinuierlich überwacht und die Datenschutzfolgenabschätzung bei Änderungen oder Weiterentwicklungen des KI-Systems regelmäßig aktualisiert werden.

66. Was gilt beim Datentransfer in Drittstaaten (außerhalb der EU)?

Beim Datentransfer in Staaten außerhalb der EU sind die Anforderungen der DSGVO zu beachten. Entscheidend ist nach Art. 45 DSGVO, ob das Zielland ein angemessenes Datenschutzniveau bietet. Die EU-Kommission legt dies für bestimmte Länder durch sogenannte Angemessenheitsbeschlüsse fest, die u. a. für Länder wie Japan, die Schweiz, und das Vereinigte Königreich existieren. Der Beschluss bedeutet, dass das Datenschutzniveau in den Ländern vergleichbar mit dem in der EU ist und ein Datentransfer deshalb ohne zusätzliche Schutzmaßnahmen erfolgen kann. Fehlt ein solcher Angemessenheitsbeschluss, ist ein Datentransfer trotzdem möglich. Es müssen dann aber zusätzliche Schutzmaßnahmen (sog. »Geeignete Garantien«) wie etwa Standardvertragsklauseln zum Einsatz kommen.

67. Was gilt beim Datentransfer in die USA?

Für den Datentransfer in die USA gibt es ein eigenes Abkommen, das Data Privacy Framework (DPF). Dieses soll sicherstellen, dass personenbezogene Daten, die von der EU in die USA transferiert werden, ein angemessenes Schutzniveau erhalten, das mit dem der EU vergleichbar ist. Das Abkommen ersetzt den früheren »Privacy Shield« (EuGH 16. 7. 2020 – C-311/18), der – wie auch bereits dessen Vorgänger »Safe Harbor« (EuGH 6. 10. 2015 – C-362/14) – vom Europäischen Gerichtshof für ungültig erklärt wurde.
Das DPF basiert auf mehreren Verpflichtungen und Reformen, welche die USA eingeführt haben, um die Bedenken des EuGH hinsichtlich der Überwachung durch US-Behörden zu adressieren. Dazu gehört etwa eine Beschwerdemöglichkeit für EU-Bürger bei Datenschutzverstößen, welche es zuvor nicht gegeben hatte. US-Unternehmen, die am DPF teilnehmen möchten, müssen sich selbst zertifizieren und sich verpflichten, bestimmte Datenschutzprinzipien einzuhalten. Diese Selbstzertifizierung wird vom US-Handelsministerium verwaltet. Die zertifizierten Unternehmen müssen ihre Datenschutzrichtlinien regelmäßig aktualisieren und transparent machen, wie sie personenbezogene Daten schützen und verarbeiten.
Für EU-Unternehmen bedeutet das DPF, dass sie personenbezogene Daten ohne zusätzliche Schutzmaßnahmen (etwa Standardvertragsklauseln) in die USA übertragen können, sofern der Empfänger in den USA nach dem DPF zertifiziert ist. Dabei handelt es sich um eine Selbstzertifizierung der Unternehmen. Die aktuelle Liste der zertifizierten Unternehmen ist auf der Date Privacy Framework-Webseite einsehbar.[9] Nach heutigem Stand

9 *https://www.dataprivacyframework.gov/list*

(08/2024) sind Google und Microsoft zertifiziert, OpenAI und damit ChatGPT nicht. Die Europäische Kommission wird die Funktionsweise des DPF regelmäßig überprüfen.

68. Wie können Unternehmen sicherstellen, dass ihre KI-Systeme DSGVO-konform sind und bleiben?

Unternehmen können sicherstellen, dass ihre KI-Systeme DSGVO-konform sind und bleiben, indem sie verschiedene Maßnahmen ergreifen und kontinuierlich überwachen. Sofern erforderlich, muss zunächst eine Datenschutz-Folgenabschätzung (DSFA) durchgeführt werden (s. Frage 63).

Grundsätzlich sollten nur die Daten erhoben und verarbeitet werden, die für den spezifischen Zweck erforderlich sind (Datenminimierung und Zweckbindung). Unternehmen müssen sicherstellen, dass betroffene Personen ihre Rechte ausüben können, wie das Recht auf Auskunft, Berichtigung, Löschung und Widerspruch. Etwaige Einwilligungen betroffener Personen in die Datenverarbeitung sollten entsprechend dokumentiert sein (zu den Anforderungen an die Einwilligung s. Frage 54).

Technische und organisatorische Maßnahmen, wie Verschlüsselung und regelmäßige Sicherheitsüberprüfungen, sind notwendig, um die Datensicherheit zu gewährleisten.

Bei der Einbindung von Drittanbietern müssen Verträge abgeschlossen werden, um sicherzustellen, dass auch diese die DSGVO-Vorgaben einhalten. Beschäftigte sollten regelmäßig zu den Datenschutzanforderungen geschult werden, um das Bewusstsein für Datenschutz zu fördern. Kontinuierliche Überwachung und Anpassung der Systeme sind entscheidend, um auf Veränderungen in der Technologie und bei den gesetzlichen Anforderungen reagieren zu können.

Zusätzlich könnte die Stelle eines KI-Beauftragten geschaffen werden. Diese Person würde die ethische, rechtliche und strategische Implementierung von KI im Unternehmen verantworten, Risiken minimieren, für Compliance sorgen und Mitarbeiter im verantwortungsvollen Umgang mit KI schulen.

E. Was bedeutet die europäische KI-Verordnung für den Einsatz von KI in Betrieb und Behörde?

Mit der europäischen KI-Verordnung (KI-VO) gibt es weltweit erstmals ein Regelungswerk für Entwicklung und Nutzung von KI. Das wird auch für Arbeitgeber, die KI nutzen oder in Zukunft nutzen möchten, erhebliche Auswirkungen haben – und so auch für die dort Beschäftigten. Die Verordnung verfolgt einen risikobasierten Ansatz, der je nach Risiko der KI-Anwendungen unterschiedliche Anforderungen stellt – von wenigen Auflagen bis hin zu strikten Verboten. Dieses Kapitel erläutert, für wen die Vorgaben gelten, ab wann sie in Kraft treten und in welchem Verhältnis DSGVO und KI-VO zueinanderstehen.
Besondere Aufmerksamkeit gilt dabei den Regelungen, die direkt auf den Einsatz von KI im Arbeitsumfeld abzielen. Das umfasst etwa Regelungen zur Qualifikation der Arbeitnehmer, die mit KI befasst sind. Ebenso werden bestimmte Anwendungen im Arbeitskontext verboten, z. B. die Emotionsanalyse per KI. Das Kapitel bietet damit einen kompakten Überblick über die Bedeutung der KI-VO für die Arbeitswelt, um Arbeitgeber wie Arbeitnehmer auf die neuen Anforderungen vorzubereiten.

69. Was ist die europäische KI-Verordnung (AI Act)?

Die europäische KI-Verordnung ist das weltweit erste umfassende Regelungswerk für KI. Ziel der Verordnung ist es, Grundrechte, Demokratie und Rechtsstaatlichkeit sowie Gesundheit, Sicherheit und ökologische Nachhaltigkeit zu schützen. KI-Technologie soll sicher, transparent, nachvollziehbar, nichtdiskriminierend und umweltfreundlich sein. Zudem soll die KI-Verordnung dazu beitragen, dass die EU eine führende Rolle auf dem Gebiet der KI-Anwendungen einnimmt, indem sie Innovationen fördert.

Da es sich um eine Verordnung handelt, gelten die Regelungen in den Mitgliedstaaten unmittelbar und zwingend – anders als bei Richtlinien ist kein Umsetzungsakt in das nationale Recht erforderlich. Die Anwendung der einzelnen Vorgaben der KI-VO erfolgt allerdings schrittweise (s. Frage 71) und ist abhängig von der Art der KI-Anwendung.

70. Für wen gilt die europäische KI-Verordnung?

Die KI-Verordnung gilt für verschiedene Akteure, die mit KI im Zusammenhang stehen. In Art. 2 KI-VO sind die Adressaten im Einzelnen geregelt. Dazu gehören u. a.:

- Anbieter von KI-Systemen: Wer als Unternehmen oder Einzelperson ein KI-System in der europäischen Union in Verkehr bringt oder in Betrieb nimmt, ist Anbieter im Sinne der KI-VO. Ob der Anbieter in der EU oder in einem Drittland niedergelassen ist, spielt hierfür keine Rolle.
- Betreiber von KI-Systemen: Organisationen und Einzelpersonen, die KI-Systeme anwenden – sei es zu kommerziellen oder nichtkommerziellen Zwecken – gelten als Betreiber im Sinne der KI-VO. Erfasst sind auch Betreiber mit Sitz oder Aufenthaltsort in einem Drittland, sofern die vom KI-System hervorgebrachte Ausgabe (der Output) innerhalb der EU verwendet wird.
- Importeure und Händler: Im Übrigen bezieht sich die Verordnung auf jene, die KI-Systeme in die EU einführen, die sie dort vertreiben und Produzenten, die KI-Systeme in ihren Produkten nutzen.
- Betroffene Personen: Die Verordnung gilt für alle betroffenen Personen, die sich in der europäischen Union befinden.
- Behörden: Auch Behörden und sonstige öffentliche Stellen können Anbieter und Betreiber von KI-Systemen sein. Dies stellt die Verordnung in den Begriffsbestimmungen klar.

71. Ab wann gilt die europäische KI-Verordnung?

Die KI-VO ist am 1.8.2024 in Kraft getreten. Die meisten Regelungen werden erst nach einer Übergangszeit von zwei Jahren verbindlich, also ab August 2026. Einige Bestimmungen gelten aber bereits vorher:

- Kapitel I (Allgemeine Bestimmungen) und Kapitel II mit den Verboten des Art. 5 KI-VO (etwa das Verbot der Emotionsanalyse durch KI am Arbeitsplatz und das Verbot von Social Scoring durch KI) sind bereits nach sechs Monaten zu beachten, also ab Februar 2025.
- Regeln für KI mit allgemeinem Verwendungszweck sowie Regeln über Sanktionen gelten nach 12 Monaten, also ab August 2025.
- Ab August 2026 werden die meisten Bestimmungen der KI-VO mit wenigen Ausnahmen vollständig wirksam.
- Spezifische Verpflichtungen nach der KI-VO für KI-Systeme mit hohem Risiko gelten jedoch erst nach 36 Monaten, also ab August 2027.

72. In welchem Verhältnis stehen KI-VO und DSGVO?

Sowohl die KI-VO wie auch die DSGVO sind EU-Verordnungen, die in den Mitgliedstaaten unmittelbar gelten. In der KI-Verordnung wird – u.a. in Art. 9 – mehrfach festgehalten, dass die Maßgaben zum Datenschutz zusätzlich zu den Vorgaben der KI-VO eingehalten werden müssen; sie werden durch die Regelungen der KI-VO nicht eingeschränkt. Auch in den einleitenden Erwägungsgründen der Verordnung wird darauf hingewiesen, dass die Verordnung ergänzend zur DSGVO gilt und KI-Systeme im Einklang mit den geltenden Vorschriften zum Schutz der Privatsphäre und zum Datenschutz entwickelt und verwendet werden sollen. Praktiken, die nach dem Datenschutzrecht verboten sind, bleiben dies also auch weiterhin. Zudem wird in den Erwägungsgründen auf Grundsätze der DSGVO – etwa den Grundsatz der Datenminimierung – Bezug genommen. Insbesondere gilt:

- Eine Einwilligung zur Teilnahme an Tests im Rahmen von KI-Reallaboren ist nicht mit einer Einwilligung in die Verarbeitung personenbezogener Daten gleichzusetzen. Diese muss zusätzlich eingeholt werden.
- Die Grundrechte-Folgenabschätzung für Hochrisiko-KI-Systeme ersetzt

nicht die Datenschutz-Folgenabschätzung (hierzu s. Frage 63) nach der DSGVO (Art. 27 Abs. 4 KI-VO).

Vereinzelt stellt die KI-Verordnung allerdings zusätzliche Datenschutzanforderungen auf, so etwa bei der Verarbeitung besonders sensibler Daten wie etwa Gesundheitsdaten im Zusammenhang mit dem Training von Hochrisiko-KI-Systemen.

73. Was sind die wesentlichen Inhalte der KI-VO?

Die KI-VO gehört dem Schwerpunkt nach zum Produktsicherheitsrecht. Ihr Ziel ist, dass durch KI niemand einen Schaden erleidet. Dafür hat der Verordnungsgeber – wie bei der DSGVO auch – einen »risikobasierten Ansatz« gewählt, bei dem die KI-Systeme in unterschiedliche Risiko-Gruppen eingeordnet werden (s. Frage 74). Je größer die potenziellen Risiken für die Gesundheit, Sicherheit und Grundrechte, desto höher sind auch die Anforderungen an Anbieter und Betreiber nach der KI-VO. Die KI-VO enthält auch Verbote (z. B. Social Scoring mittels KI). Wesentlich sind auch die in der KI-VO statuierten Transparenzanforderungen: Texte und Bilder sowie Videos, die von KI erstellt wurden, müssen in Zukunft gekennzeichnet werden (Art. 50 Abs. 2 KI-VO) und sobald Personen mit einem KI-System interagieren, sind sie darüber zu informieren (Art. 50 Abs. 1 KI-VO). Für den Fall der Zuwiderhandlung sieht die KI-VO Sanktionen von bis zu 35 Millionen Euro vor (s. Frage 80). Mit der KI-VO soll aber auch Innovation gefördert werden, etwa durch die Vorschriften zum Reallabor.

74. Was versteht man unter dem risikobasierten Ansatz der KI-VO?

Der risikobasierte Ansatz ordnet KI-Anwendungen in unterschiedliche Risikoklassen ein. Je nach Risikoklasse unterscheiden sich die Vorgaben zur Zulässigkeit des KI-Einsatzes und das Pflichtenprogramm der Anbieter und Betreiber. Die KI-VO unterscheidet drei Risikoklassen:

- Verbotene KI-Systeme sind KI-Anwendungen mit »unannehmbarem Risiko« für Grundrechte, Demokratie und Rechtsstaatlichkeit. Dazu gehören etwa Social Scoring-Systeme, die Personen aufgrund ihres sozialen Verhaltens oder persönlicher Eigenschaften bzw. Persönlichkeitsmerkmale bewerten und in sozialen Zusammenhängen benachteiligen oder schlechterstellen können. Auch KI-Systeme, die das Verhalten von Menschen unterschwellig manipulieren und so verändern, dass diese eine für sie schädliche Entscheidungen treffen, sind verboten.

- Hochrisiko-KI-Systeme[10] können grundsätzlich betrieben werden, allerdings nur bei Einhaltung strenger Vorgaben. Für sie muss u. a. ein Risikomanagement als kontinuierlich iterativer Prozess bestehen und dokumentiert werden. Dadurch sollen Risiken für die Gesundheit, Sicherheit und die Grundrechte identifiziert und durch angemessene Maßnahmen – möglichst technisch – beseitigt oder verringert werden. Dazu gehören etwa KI-Systeme, mit denen eine biometrische Fernidentifizierung von Personen im öffentlichen Raum möglich ist, wie z. B. Gesichtserkennungssysteme. Ebenso dazu zählen KI-Systeme, die im Rahmen kritischer digitaler Infrastruktur – also etwa des Straßenverkehrs oder der Wasser-, Gas-, Wärme- oder Stromversorgung – zum Einsatz kommen sollen.
- Für KI-Systeme mit geringem Risiko ist die Transparenzpflicht des Art. 50 KI-VO zu beachten. Sie gilt für KI-Systeme, die direkt mit Menschen interagieren (z. B. Chatbots oder sonstige virtuelle Assistenten).

Daneben gibt es noch die »KI-Systeme mit allgemeinem Verwendungszweck«. Diese sind dazu geeignet, eine Vielzahl von Anwendungen und Zwecken zu verfolgen. Ein Beispiel hierfür ist ChatGPT4, das etwa im Kundenservice, bei der Content-Erstellung und in Bildungseinrichtungen zum Einsatz kommen kann. Aufgrund seiner potenziellen Reichweite und des Einflusses auf die Gesellschaft, Wirtschaft oder das Individuum könnte es mit einem »systemischen Risiko« verbunden sein. Daher unterliegt es nach der KI-VO strengeren Vorschriften, um sicherzustellen, dass es nicht missbraucht wird oder unerwartet schädliche Auswirkungen hat.

10 Vgl. zu den bisher definierten Hochrisiko-KI-Systemen Anhang III KI-Verordnung, der fortentwickelt wird.

75. Welche KI-Anwendungen sind durch die KI-VO verboten?

Die KI-VO untersagt vor allem KI-Praktiken, die Personen bzw. deren Verhalten versteckt manipulieren oder überwachen sollen. Konkret verbietet Art. 5 KI-VO:

- KI-Systeme, die das Verhalten von Personen durch manipulative oder täuschende Techniken unterschwellig beeinflussen und sie zu Entscheidungen veranlassen, die sie ansonsten nicht getroffen hätten und die zu einem erheblichen Schaden führt (bzw. mit hinreichender Wahrscheinlichkeit zu einem solche führen wird).
- KI-Systeme, die gezielt die Schwächen von schutzbedürftigen Personen ausnutzen, (z. B. Minderjährige oder Menschen mit Behinderung) und sie zu schädigenden Entscheidungen veranlassen.
- KI-Systeme, welche auf die soziale Bewertung oder Einstufung von Personen aufgrund persönlicher Eigenschaften oder Persönlichkeitsmerkmale abzielen (»Social Scoring«), sofern es dadurch mit Blick auf das Sozialverhalten zu einer unverhältnismäßigen und ungerechtfertigten Schlechterstellung oder Benachteiligung oder zu einem verzerrten Bild über die Person kommt.
- KI-Anwendungen, die mittels Profiling vorhersagen, ob eine Person eine Straftat begehen wird, sofern es keine objektiven Tatsachen für kriminelle Aktivitäten gibt.
- KI-Systeme, die Datenbanken zur Gesichtserkennung mittels Daten aus dem Internet oder von Überwachungsaufnahmen erstellen oder erweitern.
- Biometrische Echtzeit-Fernidentifizierungssysteme, die in öffentlich zugänglichen Räumen zu Strafverfolgungszwecken eingesetzt werden und die in der Lage sind, in Echtzeit biometrische Merkmale wie Gesicht, Stimme oder Fingerabdrücke mit einer biometrischen Datenbank abzugleichen, sofern dies nicht ausnahmsweise nach Art. 5 Abs. 1h) KI-VO erlaubt ist.
- KI-Systeme zur Emotionsanalyse von Personen am Arbeitsplatz oder in Bildungseinrichtungen, sofern dies nicht medizinischen oder Sicherheitsgründen dient.
- KI-Anwendungen, mit denen aufgrund biometrischer Daten eine Ka-

tegorisierung von Personen anhand persönlicher Merkmale (z. B. Rasse, politische Einstellung, Gewerkschaftszugehörigkeit) erfolgen soll.

76. Welche Vorgaben macht die KI-VO für den Bereich Arbeit?

Auch wenn die KI-Verordnung überwiegend dem Produktsicherheitsrecht zuzuordnen ist, gibt es einige Vorschriften zum Schutz der Beschäftigten. So ist etwa die KI-basierte Emotionserkennung am Arbeitsplatz verboten (s. Frage 75). KI-Anwendungen, die bei der Einstellung und Auswahl von Personen zum Einsatz kommen – also etwa KI-gestützte Recruiting-Module in Personalmanagementsystemen – gelten als Hochrisiko-KI-Systeme. Gleiches gilt für KI-Anwendungen, welche Entscheidungen im Arbeitsverhältnis beeinflussen, etwa hinsichtlich Beförderungen oder Kündigungen. In diese Kategorie gehören auch KI-Anwendungen, die Aufgaben aufgrund persönlicher Merkmale oder Eigenschaften zuweisen oder die für die Beobachtung und Bewertung der Leistung von Beschäftigten genutzt werden sollen.

Bei solchen Hochrisiko-KI-Systemen sind strenge Anforderungen einzuhalten: Die Systeme müssen fortlaufend überwacht und evaluiert werden, damit es nicht zu Diskriminierungen durch die KI kommt. Darüber hinaus ist eine menschliche Aufsicht stets notwendig.

Nicht zuletzt gibt es für Betreiber von KI-Systemen weitreichende Transparenzpflichten, die im Arbeitsumfeld gelten. Beschäftigte müssen z. B. wissen, dass sie mit einer KI-Anwendung interagieren und KI-generierte Inhalte müssen als solche gekennzeichnet werden.

Nationale Regelungen, die den Beschäftigten ein höheres Schutzniveau einräumen, als es die KI-VO vorsieht, sind laut Art. 2 Abs. 11 KI-VO ausdrücklich zulässig. Das dürfte auch für Kollektivvereinbarungen (also Tarifverträge und Betriebs- oder Dienstvereinbarungen) gelten.

77. Was gilt laut KI-VO für LLMs?

Für LLMs gelten grundsätzlich die gleichen Maßstäbe wie für andere KI-Systeme. Sollten LLMs aufgrund ihres Einsatzbereichs als Hochrisiko-

KI-Systeme zu klassifizieren sein, besteht u. a. die Maßgabe, dass die zur Entwicklung von LLMs verwendeten Daten von hoher Qualität, relevant und repräsentativ sein müssen, um Diskriminierungen und Verzerrungen weitestgehend auszuschließen und eine hohe Zuverlässigkeit der Ergebnisse zu erreichen.

LLMs könnten z. B. dann als Hochrisiko-KI-Systeme gelten, wenn sie im Bildungs- und Beschäftigungskontext oder in sicherheitskritischen Bereichen verwendet werden. Im Kontext der Beschäftigung könnten LLMs etwa für Zwecke einer automatisierten Vorauswahl und der Analyse von Bewerbungsunterlagen zum Einsatz kommen und würden damit die Voraussetzungen an ein Hochrisiko-KI-System erfüllen. Unabhängig von dieser Einordnung als Hochrisiko-KI-System gibt es Transparenzanforderungen, die an LLMs gestellt werden. Dazu gehören grundsätzlich Informationen darüber, dass eine Interaktion mit einer KI-Anwendung stattfindet. Darüber hinaus sind LLMs so zu gestalten, dass keine illegalen Inhalte erzeugt werden und sie den rechtlichen und ethischen Standards entsprechen.

Art. 53 KI-VO enthält zudem Dokumentationspflichten, die auch das Trainings- und Testverfahren sowie die Ergebnisse der Bewertung einschließen (wobei mindestens die in Anhang XI aufgeführten Informationen enthalten sein müssen). In Art. 53 Abs. 1c) der KI-VO werden Anbieter von KI-Modellen angehalten, eine Strategie zur Einhaltung des Urheberrechts der EU zu entwickeln. Für das Urheberecht geht durch LLMs eine besondere Gefährdung aus, da urheberrechtlich geschützte Inhalte dort von jedermann eingestellt und sodann in das Trainingsmodell eingespeist und vom LLM weiterverwertet werden können (s. Frage 25).

Besondere Anforderungen stellt die KI-Verordnung für KI-Systeme mit allgemeinem Verwendungszweck und systemischen Risiken auf. Diese müssen gemäß Art. 55 KI-VO zuvor bewertet und die entsprechenden Risiken nach Möglichkeit gemindert werden. ChatGPT und ähnliche Modelle mit hoher Reichweite und potenziell weitreichenden und schwerwiegenden Auswirkungen auf die Gesellschaft (Verbreitung von Fehlinformationen, Vorurteilen oder gefährlichen Inhalten) dürften als KI-Systeme mit systemischen Risiken zu klassifizieren sein.

78. Gibt es Dokumentations- und Meldepflichten beim KI-Einsatz?

Die KI-Verordnung enthält Dokumentationspflichten sowohl für Hochrisiko-KI-Systeme wie auch für KI-Modelle mit allgemeinem Verwendungszweck.
Für Hochrisiko-KI-Systeme gilt, dass für diese Systeme vor der Inbetriebnahme eine technische Dokumentation erstellt und gepflegt werden muss. Diese Dokumentation dient dann als Nachweis, dass das Hochrisiko-KI-System die Anforderungen der KI-VO erfüllt (vgl. Art. 11 KI-VO). Weitere Dokumentationspflichten betreffen das Qualitätsmanagement sowie genehmigte Änderungen. Gemäß Art. 12 KI-VO gibt es für diese Art von Systemen zudem besondere Protokollierungspflichten sowie Meldepflichten bei schwerwiegenden Vorfällen (vgl. Art. 73 KI-VO).
Für KI-Systeme mit allgemeinem Verwendungszweck muss eine technische Dokumentation durchgeführt werden, die mindestens die in Anhang XI aufgeführten Informationen enthält, u. a. eine allgemeine Systembeschreibung, Informationen zu Trainingsdaten und dem Energieverbrauch des Modells. Die jeweiligen Dokumentationen sind den zuständigen Behörden (s. Frage 81) zur Verfügung zu stellen.

79. Was gilt für den Einsatz von KI in Personalmanagementsystemen?

Bei Personalmanagementsystemen ist vor allem zu beachten, dass diese im Rahmen ihrer typischen Zweckbestimmung gemäß Anhang III Ziffer 4 der KI-VO als Hochrisiko-KI-Systeme eingeordnet werden könnten. Sie haben im Regelfall das Potenzial, Entscheidungen über die Bedingungen von Arbeitsverhältnissen zu beeinflussen. Das gilt gleichermaßen für die Begründung und die Beendigung von Arbeitsverhältnissen, aber auch für Entscheidungen über Beförderungen und die insofern maßgeblichen Kriterien. Moderne Personalmanagementsysteme gestatten es, die Leistung und das Verhalten von Beschäftigten zu erfassen und zu bewerten, was ebenfalls zur Einordnung als Hochrisiko-KI-System führt. Diese Einordnung hat zur Folge, dass die Anbieter solcher Systeme zahlreiche zusätzliche Verpflichtungen nach der KI-VO erfüllen müssen. Hierzu gehören

- spezielle Verpflichtungen im Hinblick auf die Einrichtung eines Risikomanagements,
- die Qualität und Richtigkeit von Datensätzen,
- die technische Dokumentation von Systemen,
- Auszeichnungspflichten sowie Transparenzanforderungen
- und die Sicherstellung einer menschlichen Aufsicht.

Nicht zuletzt ist es notwendig, das KI-Personalmanagementsystem (bzw. die Komponenten des Systems, auf welche die Klassifizierung als Hochrisiko-KI-System zutrifft) einer Konformitätsbewertung zu unterziehen und eine CE-Kennzeichnung (erforderliche und kenntlichzumachende Bestätigung der Einhaltung der Vorschriften der KI-Verordnung) zu beantragen.

80. Welche Strafen drohen bei Verstößen gegen die KI-VO?

Bei Verstößen gegen die KI-VO können Sanktionen verhängt werden. Diese richten sich nach Art und Schwere des Verstoßes:

- Bei einem Verstoß gegen die Verbote des Art. 5 KI-VO (s. Frage 75) können Geldbußen bis zu 35 Millionen Euro oder sieben Prozent des weltweiten Jahresumsatzes des vorangegangenen Geschäftsjahrs verhängt werden (Art. 99 Abs. 3 KI-VO).
- Verstoßen Anbieter, Händler oder Betreiber gegen andere Pflichten nach der KI-Verordnung, sind Geldbußen von bis zu 15 Millionen Euro oder drei Prozent des Jahresumsatzes möglich (Art. 99 Abs. 4 KI-VO).
- Anbietern von KI-Modellen mit allgemeinem Verwendungszweck drohen Geldbußen von bis zu 15 Millionen Euro oder drei Prozent des Jahresumsatzes, wenn sie vorsätzlich oder fahrlässig gegen die Bestimmungen der KI-Verordnung verstoßen (Art. 101 Abs. 1 KI-Verordnung).

Bei der Festsetzung der Höhe der Geldbuße oder eines Zwangsgelds sind stets Art, Schwere und Dauer des Verstoßes maßgeblich.

81. Welche Aufsichtsbehörden sind zuständig?

Jeder europäische Mitgliedstaat ist verpflichtet, mindestens eine notifizierende Stelle und mindestens eine Marktüberwachungsbehörde einzurichten und zu benennen (Art. 70 Abs. 1 KI-VO). Die notifizierende Stelle ist die für die Benennung und Überwachung von Konformitätsbewertungsstellen zuständige nationale Behörde, welche die Prüfung und Zertifizierung von Hochrisiko-KI-Systemen vor Markteinführung vornehmen (z. B. CE-Kennzeichnung).

Die Marktüberwachungsbehörde hat die Aufgabe, die Anwendung und Durchführung der KI-VO zu überwachen (Erwägungsgrund 153 KI-VO) und soll die zentrale Anlaufstelle gegenüber der Öffentlichkeit und Ansprechpartner auf nationaler und EU-Ebene sein. Zugleich ist sie Meldestelle bei schwerwiegenden Vorfällen für Anbieter von Hochrisiko-KI-Systemen (Art. 73 KI-VO) sowie für Beschwerden in Bezug auf Verstöße gegen die KI-Verordnung (Art. 85 KI-VO). Die Aufgaben der Marktüberwachungsbehörde müssen unabhängig, unparteiisch und unvoreingenommen ausgeübt werden. Dafür ist die Behörde mit angemessenen technischen und finanziellen Mitteln sowie geeignetem Personal auszustatten. In Deutschland ist noch nicht abschließend geklärt, welche Stelle diese Aufgaben übernehmen soll. In Frage kämen etwa die Datenschutzaufsichtsbehörden, die Bundesnetzagentur, das Bundesamt für Sicherheit in der Informationstechnik oder auch das Schaffen einer völlig neuen Behörde für diesen Zweck. Denkbar wäre auch, dass die Aufgaben nach der KI-VO auf mehrere Behörden aufgeteilt werden.

Auf europäischer Ebene soll es das Büro für Künstliche Intelligenz und das Europäische Gremium für Künstliche Intelligenz geben. Zusammen sollen diese Institutionen sicherstellen, dass die KI-VO in der EU kohärent und effektiv umgesetzt wird.

82. Wie können Arbeitgeber sich auf die Anforderungen der KI-VO vorbereiten?

Unternehmen sind gut beraten, sich schon jetzt intensiv mit den Anforderungen der KI-VO befassen. Die Regelungen werden sukzessive in Geltung gesetzt und müssen fortan von jeder Organisation, die KI anbietet oder betreibt, eingehalten werden. In einem ersten Schritt ist es wichtig, ein Grundverständnis für die Inhalte und die Systematik der KI-VO zu erlangen. Das gilt nicht nur für die Führungskräfte, sondern für alle Beschäftigten gleichermaßen. Hierbei geht es insbesondere auch darum, die verschiedenen Risiko-Kategorien der Verordnung zu erfassen und sich über die jeweils unterschiedlichen gesetzlichen Anforderungen klar zu werden. Im Anschluss bietet es sich an, eine erste Bewertung der KI-Systeme durchzuführen, die intern bereits im Einsatz sind. Festgestellte Diskrepanzen zu den Anforderungen der KI-VO sollten genau untersucht und erforderliche Maßnahmen getroffen werden, damit der KI-Einsatz im Einklang mit der KI-VO erfolgen kann. Unternehmen und Behörden sollten so früh wie möglich einen detaillierten Maßnahmenplan mit einem Zeitrahmen entwickeln, um sicherzustellen, dass sie die Anforderungen der KI-Verordnung rechtzeitig erfüllen und interne Prozesse entsprechend abgestimmt sind. Dabei werden sie ein besonderes Augenmerk u.a. auf die notwendige Qualität von Daten, Transparenz- und Dokumentations-, Überwachungs- und Berichtspflichten legen müssen.

F. Was gilt bezüglich der Mitbestimmung nach BetrVG und BPersVG?

Der Einsatz von KI im Betrieb stellt nicht nur technische, sondern auch mitbestimmungsrechtliche Herausforderungen dar. Die Mitbestimmung spielt eine zentrale Rolle bei der Gestaltung eines fairen und transparenten Umgangs mit KI. Betriebs- und Personalräte sind gefordert, die Interessen der Beschäftigten zu wahren. Dieses Kapitel beleuchtet die Rechte und Pflichten der Gremien beim Einsatz von KI und zeigt ihnen Handlungsoptionen auf.

Nutzen Interessenvertretungen ihre Beteiligungsrechte effektiv, können sie viel für eine ausgewogenes Verhältnis zwischen technologischer Innovation und Arbeitnehmerrechten erreichen. Dabei sollten sie aber auch an sich selbst denken und für entsprechende Schulungen und Ausstattung im Gremium sorgen, damit die Vorteile der Technologie auch für die eigene Arbeit genutzt werden können.

83. Welche Informationspflichten hat der Arbeitgeber gegenüber dem Betriebs- oder Personalrat beim Einsatz von KI?

Betriebsräte können sich grundsätzlich auf § 80 Abs. 2 Satz 1 BetrVG berufen, wonach der Arbeitgeber den Betriebsrat »zur Durchführung seiner Aufgaben« aus dem BetrVG rechtzeitig und umfassend unterrichten muss. Es gibt aber auch speziellere Regelungen: Der Arbeitgeber muss den Betriebsrat etwa gem. § 90 Abs. 1 Nr. 3 BetrVG über die Planung von Arbeitsverfahren und Arbeitsabläufen unterrichten und dazu die erforderlichen Unterlagen vorlegen. Dazu gehört ausdrücklich auch der Einsatz von KI.

Das ist ein wichtiges Informationsrecht des Betriebsrats, da KI die Arbeitsverfahren und Arbeitsabläufe umgestalten wird.
Im Einzelfall kann der Einsatz von KI-Anwendungen eine Betriebsänderung nach § 111 BetrVG darstellen, die weitere Informationspflichten auslöst. Das wäre der Fall, wenn der Arbeitgeber mit KI etwa grundlegende neue Arbeitsmethoden oder Fertigungsverfahren einführt und z. B. in einem Betrieb einzelne wesentliche Produktionsprozesse, die vorher von Beschäftigten ausgeführt worden sind, zukünftig durch KI-gestützte Systeme teilweise oder vollständig übernommen werden.
Zudem könnte der Einsatz von KI den Arbeitsbereich einzelner Beschäftigter derart verändern, dass die Voraussetzungen einer Versetzung erfüllt sind und Informationsansprüche nach § 99 BetrVG entstehen. Im Regelfall werden zur ordnungsgemäßen Verwendung der KI-Systeme auch Schulungen erforderlich sein, was mit weiteren Informationspflichten nach §§ 96 – 98 BetrVG verbunden wäre.
Je nach Art der KI-Anwendung könnten weitere Informationsansprüche betroffen sein, z. B. nach § 92 BetrVG, wenn KI im Rahmen der Personalplanung zum Einsatz kommen soll, oder nach § 95 BetrVG, sofern bei personellen Auswahlentscheidungen KI involviert ist. Der KI-Einsatz kann weitreichende wirtschaftliche Auswirkungen haben, sodass ggf. Informations- und Beratungsrechte des Wirtschaftsausschusses zu bedenken sind.

84. Welche Mitbestimmungsrechte haben Betriebs- und Personalrat?

Die Mitbestimmungsrechte von Betriebs- und Personalräten beim Einsatz von KI sind vielfältig. Häufig wird hier vor allem an das Mitbestimmungsrecht bei der Einführung und Anwendung von technischen Einrichtungen gedacht, die eine Leistungs- oder Verhaltenskontrolle ermöglichen (§ 87 Abs. 1 Nr. 6 BetrVG bzw. § 80 Abs. 1 Nr. 21 BPersVG). Je nach Art und Funktion des jeweiligen KI-Systems kommen aber zahlreiche weitere Mitbestimmungsrechte in Betracht. Stellt der Arbeitgeber Verhaltensregeln zur Nutzung von KI-Systemen auf, ist etwa an das Mitbestimmungsrecht gem. § 87 Abs. 1 Nr. 1 BetrVG (§ 80 Abs. 1 Nr. 18 BPersVG) bei Fragen zu Ordnung und Verhalten im Betrieb bzw.

der Dienststelle zu denken.[11] Mitbestimmungsrechte anlässlich der KI-Nutzung beziehen sich auch auf Aspekte des Arbeits- und Gesundheitsschutzes (§ 87 Abs. 1 Nr. 7 BetrVG bzw. § 80 Abs. 1 Nr. 16 BPersVG). Die Arbeitnehmervertretungen könnten etwa eine psychische Gefährdungsbeurteilung anstoßen, deren Ausgestaltung ebenfalls mitbestimmungspflichtig wäre. Hieran knüpft dann das Mitbestimmungsrecht bezüglich der erforderlichen Maßnahmen zum Arbeits- und Gesundheitsschutz an. Mitbestimmungsrechte bestehen auch insoweit, als die Beschäftigten im Regelfall für den ordnungsgemäßen Umgang mit KI-Systemen geschult werden müssen (§§ 96 bis 98 BetrVG bzw. § 80 Abs. 1 Nr. 10 BPersVG). Je nach Einsatzbereich der KI können auch die Mitbestimmungsrechte zu Beurteilungsgrundsätzen und Auswahlrichtlinien (§§ 94, 95 BetrVG) wichtig werden. Im Einzelfall kann der Einsatz von KI-Systemen auch eine mitbestimmungspflichtige Betriebsänderung nach § 111 BetrVG darstellen.

Mitbestimmungsrechte beim KI-Einsatz

Mitbestimmungsrecht	Rechtsgrundlage Betriebsrat (BetrVG)	Rechtsgrundlage Personalrat (BPersVG)
Technische Einrichtungen zur Leistungs-/Verhaltenskontrolle	§ 87 Abs. 1 Nr. 6 BetrVG	§ 80 Abs. 1 Nr. 21 BPersVG
Verhaltensregeln zur Nutzung von KI-Systemen (Ordnung und Verhalten)	§ 87 Abs. 1 Nr. 1 BetrVG	§ 80 Abs. 1 Nr. 18 BPersVG
Arbeits- und Gesundheitsschutz bei KI-Nutzung	§ 87 Abs. 1 Nr. 7 BetrVG	§ 80 Abs. 1 Nr. 16 BPersVG
Schulungen zum Umgang mit KI-Systemen	§§ 96–98 BetrVG	§ 80 Abs. 1 Nr. 10 BPersVG
Betriebsänderung durch Einsatz von KI bzw. Einführung grundlegend neuer Arbeitsmethoden in der Behörde	§ 111 BetrVG	§ 80 Abs. 1 Nr. 20 BPersVG

11 Wedde, Computer und Arbeit 5/2024, 12 ff.

85. Wie können Betriebs- und Personalräte bei der Auswahl von KI-Systemen eingebunden werden?

Sobald der Arbeitgeber die Beschaffung von KI-Systemen erwägt, sollte die Arbeitnehmervertretung in die Planung – und am besten auch in das Planungsteam – eingebunden werden. So werden die Interessen und Standpunkte der Beschäftigten von Beginn an berücksichtigt, Transparenz hergestellt und es ist sichergestellt, dass das Gremium Zugriff auf jene Informationen hat, die für die Beurteilung der KI-Systeme wichtig sind. Betriebs- und Personalräte sollten wichtige Themen wie die Schulung und Qualifizierung der Beschäftigten sowie datenschutzrechtliche und ethische Gesichtspunkte bei der Beschaffung und Ausgestaltung von KI-Systemen angemessen und im Sinne der Beschäftigten zur Geltung bringen. Sie können ggf. auch selbst an Schulungen teilnehmen und den Arbeitgeber mit dem erworbenen Wissen bei der Implementierung von KI unterstützen. Alles in allem dürfte die frühzeitige und umfassende Einbindung der Arbeitnehmervertretungen aufseiten der Beschäftigten auch die Akzeptanz und das Vertrauen in KI-Anwendungen erhöhen, was wichtig ist, wenn es um die Ausschöpfung der Chancen des KI-Einsatzes geht.

86. Wie kann die Zusammenarbeit zwischen Arbeitgeber und Interessenvertretung beim Einsatz von KI gestaltet werden?

Die Betriebsparteien sollten sich auf einen Modus Operandi – z. B. einen gemeinsamen KI-Ausschuss – verständigen, wie der Betriebs- bzw. Personalrat bei der Einführung von KI-Anwendungen zu beteiligen ist. Dass den Gremien in Sachen KI weitreichende Informations- und Mitbestimmungsrechte zur Seite stehen, ist unbestritten (s. Frage 83 und 84). Es geht allerdings nicht nur darum, die Erfüllung der rechtlichen Verpflichtungen gegenüber den Arbeitnehmervertretungen sicherzustellen. Vielmehr sollten Arbeitgeber den Betriebs- oder Personalrat als wichtigen Mitspieler oder jedenfalls Zuspieler begreifen, der dazu beitragen kann, die Beschäftigten beim Thema KI mitzunehmen. Nur wenn ein grundlegendes Verständnis für KI-Technik sowie Vertrauen in die eingesetzte KI vorhanden ist, werden Arbeitgeber und Beschäftigte nachhaltig von den

Möglichkeiten profitieren. Dem Betriebs- oder Personalrat kann dabei eine Schlüsselrolle zukommen, indem er als zusätzliche Schnittstelle zu zahlreichen Aspekten des KI-Einsatzes fungiert. Letztlich obliegt es der Entscheidung des Arbeitgebers, wie stark er die Arbeitnehmervertretung jenseits der bestehenden Mitbestimmungsrechte einbinden will. Empfehlenswert erscheint der Abschluss einer KI-Rahmenvereinbarung, in der etwa grundlegende ethische Grundsätze und Verantwortlichkeiten niedergelegt werden können. Verbindliche Grundsätze und Regeln können dabei unterstützen, den KI-Einsatz im Betrieb im Einklang mit den gesetzlichen Bestimmungen zu fördern.

87. Kann der Betriebs- oder Personalrat bei einem geplanten KI-Einsatz einen Sachverständigen zu Rate ziehen?

Betriebs- und Personalräte können Sachverstand grundsätzlich immer dann hinzuziehen, wenn im Gremium die erforderlichen Kenntnisse fehlen, um die Aufgaben nach dem BetrVG oder BPersVG ordnungsgemäß wahrzunehmen. Da es sich bei KI-Systemen um komplexe und hinsichtlich ihrer Wirkungsweise und der Ergebnisse undurchsichtige Anwendungen handelt, kann kein Zweifel daran bestehen, dass Betriebsräte und Personalräte insofern sachverständige Unterstützung benötigen. Das hat auch der Gesetzgeber erkannt und in § 80 Abs. 3 BetrVG festgelegt, dass die Hinzuziehung von Sachverstand als erforderlich gilt, wenn es um die Beurteilung von KI geht. Arbeitgeber und Betriebsrat müssen sich dann noch auf die Person des Sachverständigen und die Modalitäten der Beauftragung einigen.

Im BPersVG gibt es zwar eine solche ausdrückliche Regelung zur Hinzuziehung von Sachverständigen nicht. Gleichwohl ist von der Rechtsprechung anerkannt, dass auch Personalräte durch die Hinzuziehung von Sachverständigen in die Lage versetzt werden müssen, eine sachgerechte Entscheidung in Angelegenheiten der Mitbestimmung treffen zu können.[12] Sie müssen zuvor jedoch im Sinne der Verhältnismäßigkeit alle zur Verfügung stehenden Erkenntnisquellen und Unterrichtungsmöglichkeiten

12 BVerwG 8.11.1989 – 6 P 7.87.

durch die Dienststelle ausgeschöpft haben. In zahlreichen Landespersonalvertretungsgesetzen ist demgegenüber eine ausdrückliche Regelung enthalten, die es Personalräten ermöglicht, Sachverständige und Auskunftspersonen hinzuzuziehen (z. B. § 30 MBG Schl.-H., § 40 Abs. 3 PersVG Berlin, § 41 Abs. 3 Sächsisches PersVG).

88. Wie kann die Interessenvertretung die Auswirkungen von KI auf die Belegschaft bewerten?

Interessenvertretungen sollten ein Auge darauf haben, wie sich die Arbeitsprozesse der Beschäftigten verändern und wie sie damit zurechtkommen. Deutet sich an, dass Beschäftigte beim KI-Einsatz Schwierigkeiten haben, könnten die Gremien eine Bildungsbedarfsanalyse anstoßen. Mit dieser wird der Weiterbildungsbedarf von Beschäftigten ermittelt und daraus notwendige Qualifizierungsmaßnahmen abgeleitet. Betriebsräte können gem. § 96 BetrVG vom Arbeitgeber verlangen, den Bildungsbedarf zu ermitteln und mit ihm Fragen der Berufsbildung zu beraten. Sie können hierbei Vorschläge für Qualifizierungsmaßnahmen machen; eine Pflicht des Arbeitgebers, diese Vorschläge auch umzusetzen, besteht jedoch nicht. Ein echtes Mitbestimmungsrecht steht Betriebsräten nur dann zu, wenn der Einsatz von KI dazu führen sollte, dass die beruflichen Kenntnisse und Fähigkeiten der Beschäftigten nicht mehr ausreichen, um die Arbeitsaufgaben zu erfüllen (§ 97 Abs. 2 BetrVG).
Personalräte können sich in diesem Kontext auf ähnliche Befugnisse stützen (vgl. § 80 Abs. 1 Nr. 10 BPersVG). Wichtig ist für Arbeitnehmervertretungen, auch einen Blick auf etwaige psychische Belastungen zu haben, die bei den Beschäftigten durch den KI-Einsatz hervorgerufen oder verstärkt werden können. Bei Anzeichen psychischer Belastung sollte eine psychische Gefährdungsbeurteilung (s. Frage 37) durchgeführt werden. Auch sollte der Betriebs- oder Personalrat darauf hinwirken, dass die KI-Anwendung hinreichend evaluiert wird, sodass etwaige Diskriminierungen aufgedeckt werden. Um die erforderlichen Informationen zu erhalten, sollten Betriebsräte und Personalräte regelmäßig das Feedback der Beschäftigten einholen. Dies kann z. B. durch einen anonymisierten digitalen Fragenkatalog geschehen.

89. Können Gremien Schulungen zum Thema KI besuchen?

Ein Anspruch auf eine Schulung besteht für den Betriebsrat dann, wenn deren Inhalte unter Berücksichtigung der konkreten Verhältnisse im Betrieb und im Gremium für die Wahrnehmung gegenwärtiger oder zukünftiger Aufgaben des Betriebsrats erforderlich sind (§ 37 Abs. 6 BetrVG). Auch bei Personalräten kommt es darauf an, dass in den Schulungen Kenntnisse vermittelt werden, die ihre Tätigkeit erforderlich sind (§ 54 Abs. 1 BPersVG). Eine Schulung zum Thema KI unterfällt nach aktuellem Stand (noch) nicht dem Bereich unverzichtbarer Grundschulungen. Auf der anderen Seite findet KI immer stärker in IT-Anwendungen Einzug, weshalb nach den konkreten Verhältnissen im Betrieb die Vermittlung von KI-Wissen als erforderlich angesehen werden könnte.[13] In Zukunft dürften aber immer mehr IT-Systeme mit KI-Funktionen ausgestattet sein. Die Anlässe, die für die Betriebs- und Personalräte im Einzelfall einen Anspruch auf eine KI-Schulung begründen, werden also zunehmen. Plant der Arbeitgeber konkret den Einsatz von einem oder mehrere KI-Systemen, ist der Schulungsanspruch jedenfalls gegeben. Grundsätzlich gilt: Je mehr KI im Unternehmen zum Einsatz kommt, desto wichtiger ist es für Betriebs- und Personalräte, im KI-Bereich ein breites Wissen zu besitzen, um den Aufgaben ordnungsgemäß nachkommen zu können.

90. Wie können Betriebs- und Personalräte ihre Rechte durchsetzen?

Das kommt darauf an, welcher Pflichtenverstoß des Arbeitgebers zugrunde liegt. Wenn der Arbeitgeber KI einseitig einführt und damit bestehende Mitbestimmungsrechte, etwa jene bei der Einführung von technischen Einrichtungen, verletzt, können Betriebsräte beim zuständigen Arbeitsgericht (Personalräte beim zuständigen Verwaltungsgericht) Unterlassungsansprüche geltend machen. Das ist ggf. im Wege des einstweiligen Rechtsschutzes möglich. Gleiches gilt, wenn sich der Arbeitgeber bzw. die Dienstelle nicht an bereits abgeschlossene Betriebs- oder Dienstvereinbarungen hält.

13 So auch Lemke, CuA 4/2022, 26.

Bei inhaltlichen Divergenzen wäre der Konflikt im Einigungsstellenverfahren auszutragen. Geht es um einen gesetzeswidrigem KI-Einsatz, können die Arbeitnehmervertretungen auch die zuständigen Aufsichtsbehörden – etwa für den Datenschutz – informieren.
Wenn ein Schulungsanspruch zu KI-Themen bestehen sollte (vgl. Frage 89), kann auch dieser Anspruch mithilfe des Arbeitsgerichts (bzw. des Verwaltungsgerichts) und eventuell im Wege des Eilrechtsschutzes durchgesetzt werden.

91. Dürfen Gremien selbst mit KI arbeiten?

Es gibt kein Verbot, das Betriebs- oder Personalräte daran hindert, bei ihrer Amtsausübung KI zu verwenden. Wie auch den Beschäftigten ist es Gremien grundsätzlich erlaubt, bei ihrer Arbeit Hilfsmittel zu nutzen, dazu gehören auch KI-Anwendungen. Anders als bei den Beschäftigten können Arbeitgeber den Gremien die Nutzung von KI-Anwendungen aber nicht verbieten, solange sie damit nicht gegen betriebsverfassungsrechtliche Pflichten (z. B. den Schutz von Persönlichkeitsrechten) verstoßen.

92. Wie können Betriebs- und Personalräte KI einsetzen?

Gerade generative KI-Modelle können eine wertvolle Unterstützung bei der Gremienarbeit sein. Man kann sie nutzen, um sich zu einer bestimmten Thematik einen Überblick zu verschaffen oder Informationsschreiben für die Beschäftigten zu entwerfen.

Beispiele:

- Das Gremium möchte einen Flyer für die nächste Betriebsversammlung erstellen. Mit generativer KI kann es schnell und effizient eine Vorlage gestalten, die Textvorschläge zur Agenda und wichtigen Themen liefert.
- Das Gremium befindet sich in Verhandlungen mit dem Arbeitgeber, etwa über ein neues Schichtmodell. KI hilft dem Betriebsrat, überzeugende Argumente zu formulieren und mögliche Gegenargumente der Geschäftsleitung vorwegzunehmen. Dies verbessert die Verhandlungsstrategie und Vorbereitung.
- Der Betriebsrat nutzt Excel zur Bearbeitung von Listen. Wenn es zu Fehlern in Formeln kommt, kann die KI helfen, diese schnell zu beheben. Auch das Schreiben

> von Makros für wiederkehrende Aufgaben, wie etwa die automatische Berechnung von Überstunden, wird durch KI unterstützt.

Die Beispiele verdeutlichen, wie vielseitig KI den Betriebsrat in organisatorischen, strategischen und technischen Aufgaben unterstützen kann. Das sollte allerdings stets in dem Bewusstsein geschehen, dass eine unreflektierte Übernahme der KI-Ergebnisse risikobehaftet ist. Gerade im Personalvertretungsrecht erfinden LLMs mitunter Vorschriften oder geben unreflektiert die entsprechenden Paragrafen des BetrVG an – scheinbar sind hier noch nicht genügend Trainingsdaten vorhanden. Vor der Nutzung der Anwendung sollten sich einzelne Gremien-Mitglieder informieren, ob Regelungen (z. B. in der Geschäftsordnung des Gremiums oder einer separaten Nutzungsordnung) existieren, die bei der KI-Nutzung für Zwecke des Betriebsrats bzw. Personalrats zu beachten sind.

93. Was sollten Betriebs- und Personalräte bei der Arbeit mit KI beachten?

Betriebs- und Personalräte müssen sich über die Risiken der KI-Nutzung im Klaren sein. Insbesondere sollten sie einen Verstoß gegen gesetzliche Bestimmungen ausschließen. Allem voran darf es durch die KI-Nutzung zu keiner Verletzung von Persönlichkeitsrechten der Beschäftigten kommen. Ist KI im Spiel, muss auf die einschlägigen Regelungen zum Datenschutz ein besonderes Augenmerk gelegt werden. Der Betriebsrat ist gemäß § 79a Satz 1 BetrVG verpflichtet, die Vorschriften zum Datenschutz einzuhalten (gleiches gilt gem. § 69 BPersVG für den Personalrat). Daneben darf es auch zu keiner Verletzung von Betriebs- oder Geschäftsgeheimnissen kommen. Vorab sollten sich Betriebs- und Personalräte informieren und ggf. notwendige Schulungen besuchen, um sich mit den Vorgaben zum Datenschutz wie auch mit der Wirkweise der zu nutzenden KI-Systeme vertraut zu machen. Das umfasst auch, sich ein Bild darüber zu verschaffen, was mit den eingegebenen Daten passiert – wo werden sie verarbeitet und ggf. gespeichert? Nur dann können Gesetzesverstöße vermieden und das Potenzial von KI mit gutem Gewissen genutzt werden.

Empfehlenswert ist die Verankerung des Einsatzes von KI in das ganzheitliche Datenschutzmanagement des Betriebs- oder Personalrats, z. B. in der Geschäftsordnung. Ein anderes Thema betrifft die Frage, inwieweit Arbeitnehmervertretungen den Ergebnissen der KI vertrauen können. Insofern gilt, dass die Ergebnisse einer sorgfältigen und gewissenhaften Prüfung bedürfen.

94. Wie sollte man vorgehen, um eine Betriebs- oder Dienstvereinbarung zum Thema KI zu erarbeiten?

Es gibt verschiedene Wege, um eine Betriebs- oder Dienstvereinbarung zum Thema KI zu erstellen. Eine Möglichkeit besteht darin, eine Vereinbarung zu einer spezifischen KI-Anwendung zu treffen, die der Arbeitgeber einführen will. Ein Fokus auf einzelne KI-Systeme bzw. IT-Systeme mit KI-Funktionalitäten könnte aber den Blick auf das große Ganze versperren. Es ist daher mitunter empfehlenswert, das Thema KI ganzheitlich zu betrachten und in einer KI-Rahmenvereinbarung allgemeine Grundsätze für den KI-Einsatz festzulegen. Dort können die wesentlichen Fragestellungen von vorneherein auf den Tisch gebracht und von den Parteien evaluiert werden. Das dürfte dazu beitragen, dass der Ablauf des Mitbestimmungsverfahrens bei der Einführung neuer KI-Anwendungen beschleunigt wird, da wichtige Themen bereits geklärt sind. Dies dürfte sowohl im Sinne des Arbeitgebers wie auch der Gremien und Beschäftigten sein.

95. Welche Inhalte sollte eine KI-Vereinbarung haben?

Nicht wenige Betriebs- und Personalräte haben bereits eine IT-Rahmenvereinbarung verhandelt. Die Inhalte einer KI-Vereinbarung sollten auf die bereits vorhandenen Regelungen abgestimmt werden. Eventuell ist es auch erforderlich, die bereits bestehenden Vereinbarungen anzupassen und mit der KI-Vereinbarung zu harmonisieren. In eine Rahmen-Vereinbarung zum KI-Einsatz gehören zunächst dezidierte Regelungen zur Einführung und Anwendung von KI. Einen Schwerpunkt der Vereinbarung sollte auch die Risikoklassifizierung von KI-Systemen bilden. Hierzu sollten Prozesse vereinbart werden, welche die Gremien frühzeitig einbeziehen, denn sie benötigen zahlreiche spezifische Informationen zu den KI-Anwendungen, um deren Risikopotenzial und die Auswirkungen auf die Beschäftigten be-

urteilen zu können. Durch die KI-VO werden Unternehmen und Behörden ohnehin weitreichende Transparenz- und Dokumentationspflichten auferlegt, sodass sie diese Unterlagen auch an den Betriebs- oder Personalrat weitergeben sollten.
Wichtig sind daneben auch Kontrollrechte, welche die Gremien – ggf. unter Einbeziehung von technischem Sachverstand – selbständig wahrnehmen können. Nicht zu vernachlässigen sind ethische Grundsätze und Verhaltensregeln beim KI-Einsatz. Hier geht es vor allem um Prävention gegen Diskriminierungen und unlauteres Verhalten sowie eine Beeinflussung durch KI. Empfehlenswert ist es zudem, Grundsätze zur Schulung und Qualifizierung von Beschäftigten zu regeln.

G. Wie sollten Betriebe und Behörden bei der Einführung von KI vorgehen?

Die Einführung von KI in Unternehmen und Dienststellen erfordert sorgfältige Planung und strategisches Vorgehen. Von den ersten Schritten über die Identifikation geeigneter Use Cases bis hin zur Entwicklung einer umfassenden KI-Strategie – dieses Kapitel bietet praktische Leitlinien, wie der Weg zur erfolgreichen KI-Einführung gelingen kann. Dazu gehören insbesondere Anhaltspunkte für die Inhalte, die in einer KI-Richtlinie oder in einer KI-Vereinbarung zu regeln sind.
Zudem werden Ansätze zur Förderung der Akzeptanz bei den Beschäftigten thematisiert. Nur wenn sie dem KI-Einsatz positiv gegenüberstehen, kann eine erfolgreiche und nachhaltige Integration in die Arbeitsabläufe gelingen. Ziel muss es sein, dass der KI-Einsatz verantwortungsvoll und im Einklang mit den Interessen der Belegschaft gestaltet wird.

96. Was sind die ersten Schritte zur Einführung von KI im Betrieb?

Der erste Schritt zur Einführung von KI besteht darin, mögliche Anwendungsszenarien (Use Cases) zu identifizieren. Dies erfordert einen guten Überblick über die unternehmensinternen Prozesse und einen Abgleich mit den auf dem Markt befindlichen KI-Lösungen. Es sollte zudem klar sein, was genau mit der Nutzung von KI im Betrieb oder der Dienststelle erreicht werden soll – z. B. effizientere und günstigere Arbeitsergebnisse.
Nachdem mögliche Anwendungsszenarien festgestellt worden sind, muss eine umfassende Risikoanalyse durchgeführt werde. Im Vordergrund stehen dabei der Schutz von Unternehmensdaten, Beschäftigtendaten und Persönlichkeitsrechten, aber auch die Einhaltung der einschlägigen gesetz-

lichen Bestimmungen – sei es zum Datenschutz, dem Einsatz von KI oder dem Urheberrecht. Auch die Notwendigkeit einer hohen Datenqualität sollte in diese Betrachtungen Einzug finden.
Möglichst frühzeitig im Planungsprozess sollten Betriebs- oder Personalräte eingebunden werden. Im Fall einer positiven Entscheidung über die KI-Einführung gilt es, die Beschäftigten darüber zu informieren und ihnen in Schulungen und Workshops die notwendigen Skills zu vermitteln.

Zusammenfassung:
1. Ziele und Anwendungsszenarien ermitteln
2. Passende KI-Lösung finden
3. Risikoanalyse vornehmen
4. Beschäftigte informieren und qualifizieren

97. Wie identifiziert man geeignete Use Cases?

Um Use Cases zu identifizieren, muss man zunächst die typischen Prozesse im Unternehmen oder der Behörde verstehen. Die einzelnen Abteilungen werden womöglich bereits eine Vorstellung davon haben, welche (ineffizienten) Prozesse ggf. optimierungsbedürftig sind und wo KI die Beschäftigten am besten unterstützen könnte. Der Suche nach Use Cases sollte man den nötigen Raum – insbesondere auch die nötige Zeit – einräumen und dazu abteilungsinterne wie auch abteilungsübergreifende Workshops durchführen. Die Bestandsaufnahme der optimierungsbedürftigen Prozesse und der möglichen Einbindung von KI sollten Hand in Hand gehen. Deshalb sollte auch ein guter Überblick darüber bestehen, welche KI-Technologien auf dem Markt existieren, um sie mit den eigenen Anforderungen abzugleichen. Bei der Identifizierung von Use Cases können sicher auch KI-Berater hilfreich sein, die solche Suchprozesse schon bei anderen Unternehmen durchgeführt und entsprechende KI-Potenziale aufgedeckt haben. Für die Beurteilung, ob ein potenzielles Anwendungsszenario für das Unternehmen infrage kommt, sind auch umfassende Risiko- und Wirtschaftlichkeitsanalysen notwendig.

98. Wie erstellt man ein geeignetes Schulungskonzept für die Beschäftigten?

Ein geeignetes Schulungskonzept zur Einführung von KI-Technologien umfasst mehrere Schritte. Zunächst müssen in einer Bedarfsanalyse die potenziellen Zielgruppen für die Schulung identifiziert und deren Schulungsbedarf ermittelt werden: Welche Fähigkeiten werden für den Einsatz der KI benötigt und welche Fähigkeiten sind bereits vorhanden? Die daraus abgeleiteten Schulungsziele können sowohl Wissens- als auch Könnensziele sein. Gerade im Bereich der KI ist es sinnvoll, allgemeine Schulungen zu den Grundlagen mit spezifischen Schulungen zu kombinieren. In den allgemeinen Schulungen geht es darum, die Beschäftigten für die Nutzung von KI zu sensibilisieren und ihnen rechtliche Grundsätze zu vermitteln. In den speziellen Schulungen wiederum steht im Vordergrund, die Beschäftigten auf die konkrete Nutzung vorzubereiten. Es gibt ein breites Spektrum an Schulungsangeboten, ob in Präsenz oder Online. Hier sollten auch die Präferenzen der Beschäftigten berücksichtigt und ggf. verschiedene Möglichkeiten angeboten werden. Konkrete Ansprechpartner im Unternehmen/der Behörde können Beschäftigte dabei unterstützen, das erworbene Wissen zu festigen und in die praktische Anwendung zu überführen. Nicht zuletzt sollte ein rundes Schulungskonzept auch Möglichkeiten zum Austausch abseits der konkreten Schulungsangebote schaffen und Wiederholung sowie Vertiefung von Inhalten vorsehen.

Zusammenfassung:
1. Bedarfsanalyse durchführen
2. Schulungsziele ermitteln
3. Allgemeine und spezielle Schulungen konzipieren
4. Schulungen durchführen (verschiedene Angebot in online und Präsenz)
5. Austausch, Wiederholungen und Vertiefungen

99. Welche ethischen Überlegungen sollten bei der Nutzung generativer KI beachtet werden?

Die unabhängige Expertengruppe für Künstliche Intelligenz der Europäischen Union hat in ihren Ethik-Leitlinien vier fundamentale Grundsätze für vertrauenswürdige KI hergeleitet, die das Gemeinwohl und die Interessen einzelner Menschen fördern sollen:

- Achtung der menschlichen Autonomie: Auch in der Interaktion mit einem KI-System müssen Menschen imstande sein, die Selbstbestimmung über die eigene Person in vollem Umfang auszuüben. Menschen sollten durch KI-Systeme nicht untergeordnet, manipuliert, getäuscht oder konditioniert werden.
- Schadensverhütung: KI-Systeme sollen keine Schäden verursachen, verschärfen oder sich sonst negativ auf Menschen auswirken. Schutzbedürftige Personen sollen in die Entwicklung und Einführung von KI-Systemen einbezogen werden.
- Fairness: Die Entwicklung, Einführung und Nutzung von KI-Systemen soll fair sein, d. h. Verzerrungen, Diskriminierungen und Stigmatisierungen durch KI-Anwendungen sollen vermieden werden.
- Erklärbarkeit: Die Ergebnisse und Entscheidungen der KI-Systeme sollen transparent und im größtmöglichen Umfang für die Benutzer erklärbar sein.

Diese ethischen Grundsätze sollten auch und vor allem bei der Nutzung generativer KI beachtet werden. Es geht insbesondere darum zu verhindern, dass generative KI zu Diskriminierungen oder Stigmatisierungen führt oder die menschliche Würde untergräbt.

100. Wie können Unternehmen eine eigene Richtlinie für den Einsatz von KI erstellen?

Die Erstellung einer Richtlinie für den Einsatz von KI im Unternehmen bzw. der Dienststelle sollte gut vorbereitet werden. Zunächst einmal geht es darum, die Ziele der Richtlinie zu definieren, um darauf aufbauend sinnvolle Regelungen treffen zu können. Mögliche Ziele können darin bestehen, die Einhaltung rechtlicher Vorschriften sicherzustellen – insbesondere in den Bereichen Datenschutz und Urheberrecht, aber auch im Verhältnis der Beschäftigten untereinander. In einem weiteren Schritt ist der Adressatenkreis der Richtlinie zu bestimmen. Weiter ist eine umfassende Bestandsaufnahme der bereits eingesetzten sowie geplanten KI-Systeme erforderlich, um die damit verbundenen Risiken und Herausforderungen einer gründlichen Prüfung zu unterziehen. Ist das geschehen, können konkrete Grundsätze und Leitlinien zum KI-Einsatz entworfen und in einer Richtlinie kodifiziert werden. Eine solche Richtlinie kann zwar ggf. im Rahmen des Direktionsrechts des Arbeitgebers erlassen werden, häufig dürften aber Beteiligungs- und Mitbestimmungsrechte der Interessenvertretung berührt sein. Unabhängig davon sind die Arbeitnehmervertretungen bei KI-Planungen im Unternehmen frühzeitig einzubeziehen.

101. Was sollte in einer KI-Richtlinie enthalten sein?

Eine KI-Richtlinie sollte die Leitplanken für den KI-Einsatz setzen und aufzeigen, wo die Grenzen der Nutzung verlaufen. Hierbei kann es sich anbieten, eine Positivliste und Negativliste über die grundsätzlich zulässigen sowie unzulässigen und nicht gewünschten Anwendungen zu erstellen. Für die Nutzer der KI-Anwendungen ist es auch wichtig zu wissen, welche Eingaben zulässig sind und welche nicht. Deshalb sollten klare Verhaltensregeln in einer KI-Richtlinie nicht fehlen. Dies bezieht sich auch auf den Umgang mit KI-generierten Ergebnissen und der Verantwortlichkeit hierfür. Eine KI-Richtlinie sollte auch eine Informations- und Sensibilisierungsfunktion haben und Beschäftigte davor warnen, die Ergebnisse von KI-Anwendungen unreflektiert zu übernehmen. Der Richtlinie kann eine Anleitung angehängt sein, sodass die Beschäftigten sich einen Überblick über die Nutzung verschaffen können. Schließlich sind Aspekte wie die Kostentragungspflicht und die Zulässigkeit der Nutzung privater Accounts zu klären. Bei all diesen Punkten müssen Arbeitgeber stets evaluieren, inwiefern Betriebs- oder Personalräte mitzubestimmen haben, sodass aus der KI-Richtlinie ggf. eine KI-Betriebsvereinbarung werden kann. KI-Anwendungen sind schnelllebig, daher ist eine Regelung – ob Richtlinie oder Betriebsvereinbarung – regelmäßig auf Anpassungsbedarf zu prüfen.

102. Wie kann man die Akzeptanz von KI-Lösungen fördern?

Es ist zentral, mit der Belegschaft offen über geplante KI-Projekte zu sprechen und sie frühzeitig in die Überlegungen einzubeziehen. Dies gilt gleichermaßen für den Betriebs- oder Personalrat. In Workshops können

Arbeitgeber die Ängste und Vorbehalte der Beschäftigten zur Kenntnis nehmen und versuchen, diese auszuräumen. Eine verpflichtende Bindung des Arbeitgebers in Betriebs- oder Dienstvereinbarungen, für einen bestimmten Zeitraum mittels KI keine Arbeitsplätze abzubauen, ist von der Bedeutung und den Auswirkungen auf die Moral der Beschäftigten nicht zu unterschätzen. Im konkreten Umgang mit den KI-Anwendungen sollten Frustrationserlebnisse aufseiten der Beschäftigten vermieden werden. Hierzu ist es wichtig, die Beschäftigten für die Nutzung von KI-Anwendungen zu qualifizieren und ihnen die Chancen und Potenziale der Nutzung aufzuzeigen – am besten direkt am konkreten Beispiel bzw. der jeweiligen KI-Anwendung. Gleichermaßen ist es wichtig, klare Spielregeln – sei es als Richtlinie oder Betriebs- bzw. Dienstvereinbarung – zu kommunizieren, damit Unsicherheiten nicht als Hemmschuh für die KI-Nutzung wirken. Schließlich sollten die Beschäftigten auch im Nachgang der KI-Einführung begleitet werden. Ihnen sollten Ansprechpartner zur Verfügung stehen, an die sie sich wenden können. Den Beschäftigten sollte in regelmäßigen Feedback-Runden Raum eingeräumt werden, um Probleme, Kritik und Verbesserungsvorschläge zu adressieren – etwa in einer regelmäßig stattfindenden KI-Sprechstunde.

H. Arbeitshilfen

Dieser Leitfaden für den Einsatz von KI-Systemen enthält mögliche Eckpunkte und Inhalte, die als Grundlage für die Ausarbeitung einer Betriebs- oder Dienstvereinbarung oder einer internen Richtlinie zum Umgang mit KI dienen können. Die vorgeschlagenen Maßnahmen und Regelungen sind nicht abschließend und sollten an die spezifischen Bedürfnisse und Gegebenheiten des jeweiligen Unternehmens angepasst werden. Sie bieten eine Orientierung für Betriebs- und Personalräte sowie Arbeitgeber, um den verantwortungsvollen, transparenten und ethisch vertretbaren Einsatz von KI am Arbeitsplatz sicherzustellen. Dabei bleibt Raum für individuelle Anpassungen und Ergänzungen je nach Organisationsgröße, eingesetzten Technologien und rechtlichen Anforderungen.

Leitfaden für den KI-Einsatz

1. Definition und Klassifizierung von KI

- Definition gemäß KI-Verordnung (KI-VO) und unternehmensspezifischen Richtlinien
- Verfahren zur Klärung, ob es sich um KI handelt
- Klassifizierung von KI-Systemen nach Risikostufen für das Beteiligungsverfahren

2. Einführungsprozess von KI-Systemen

- Pilotprojekte mit strengen Auflagen (begrenzte Datennutzung, definierter Benutzerkreis, eingeschränkter Anwendungsbereich)

- Bereitstellung vollständiger Informationen (Trainingsdaten, Datenverarbeitung, Maßnahmen gegen Diskriminierung)
- Unterrichtung der Beschäftigten in einfacher und verständlicher Sprache
- Prüfung möglicher Folgen für Arbeitsplatzgestaltung und Persönlichkeitsrechte

3. Nutzung von KI im Arbeitsalltag

- Verbot automatisierter Entscheidungen ohne menschliche Überprüfung
- Einhaltung ethischer Leitlinien und Sicherstellung, dass der Mensch die Entscheidungsinstanz bleibt
- Verwendung von KI nur als technisches Hilfsmittel zur Unterstützung der Arbeitsleistung

4. Datenschutz und Datensicherheit

- Verbot der Eingabe personenbezogener Daten, es sei denn, dies ist ausdrücklich erlaubt
- Keine Eingabe von Geschäfts- oder Berufsgeheimnissen sowie vertraulichen Daten
- Einhaltung der DSGVO und anderer datenschutzrechtlicher Bestimmungen

5. Umgang mit KI-Ergebnissen

- Verantwortung der Beschäftigten für die durch KI generierten Ergebnisse
- Kontrolle auf mögliche Falschinformationen oder Verzerrungen
- Prüfung auf Urheberrechtsverletzungen
- Transparenz- und Kennzeichnungspflicht bei der Nutzung und Weitergabe von KI-generierten Inhalten

6. Qualifizierung und Schulung der Beschäftigten

- Schulungen der Beschäftigten im sicheren und verantwortungsvollen Umgang mit KI
- Leitlinien zur Nutzung von Daten und KI-Ergebnissen (Hinweise zum

sicheren Umgang mit Unternehmens- und personenbezogenen Daten; Ergebnisse einer KI-Anwendung müssen immer auf Vollständigkeit und Richtigkeit überprüft werden)
- Letztentscheidung für jeden Vorgang liegt grundsätzlich beim Menschen

7. Vermeidung von Leistungs- und Verhaltenskontrollen

- Grundsätzliches Verbot der Leistungs- und Verhaltenskontrolle durch KI
- Ausnahmen nur in klar definierten Einzelfällen mit Zustimmung des Betriebsrats

8. Soziale Auswirkungen des KI-Einsatzes

- Sicherstellung der Beschäftigung, wenn KI-Arbeitsplätze ersetzen könnte
- Wahrung des sozialen und finanziellen Besitzstandes über einen definierten Zeitraum oder ab einem bestimmten Alter
- Maßnahmen zur sozialen Absicherung beim Einsatz von KI-Systemen

9. Technische Zuverlässigkeit und Risikomanagement

- Regelmäßige Überprüfung der technischen Zuverlässigkeit und Sicherheit der KI-Systeme
- Protokolle für den Umgang mit Fehlern oder unerwartetem Verhalten der KI
- Kontinuierliche Anpassung der KI-Systeme zur Einhaltung rechtlicher und ethischer Standards
- Erstellung eines Risikomanagementplans zur Minimierung potenzieller negativer Auswirkungen des KI-Einsatzes

10. Kommunikation und Mitarbeiterbeteiligung

- Offene und transparente Kommunikation über den Einsatz von KI im Unternehmen
- Einbeziehung der Beschäftigten in Entscheidungsprozesse, insbesondere bei möglichen Auswirkungen auf ihre Arbeit
- Implementierung von Feedback-Mechanismen für Beschäftigte

Checkliste für die LLM-Nutzung

Diese Checkliste unterstützt dabei, große Sprachmodelle (LLMs) wie ChatGPT im Unternehmenskontext sicher und effizient einzusetzen. Wer sie verinnerlicht, vermeidet die häufigsten Fehlerquellen.

- ☐ Klares Ziel und Ausgabeformat formuliert
  Ist das gewünschte Ergebnis definiert? (z. B. Text, Liste, Tabelle)
- ☐ Präzise formuliert
  Ist der Prompt ohne vage Begriffe oder Mehrdeutigkeiten verfasst?
- ☐ Kontext gegeben
  Sind alle relevanten Informationen und der nötige Hintergrund im Prompt enthalten?
- ☐ Datenschutz beachtet
  Wurden keine personenbezogenen oder vertraulichen Daten verwendet?
- ☐ Fakten gecheckt
  Wurden die Ergebnisse der KI auf Korrektheit und Vollständigkeit überprüft?

Vorlage für eine Feedback-Umfrage

Diese Vorlage bietet eine kurze Umfrage zur anonymen Bewertung des KI-Einsatzes aus Sicht der Belegschaft. Sie dient dazu, ein besseres Verständnis über die Akzeptanz, potenzielle Bedenken und Verbesserungsvorschläge der Mitarbeitenden im Umgang mit KI-Systemen zu gewinnen. Sie sollte nach Bedarf angepasst werden und ggf. regelmäßig durchgeführt werden, um Veränderungen in der Wahrnehmung der Mitarbeitenden nachzuvollziehen.

- Wie bewertest du die Einführung des KI-Systems in deinem Arbeitsbereich?
- Wie gut wurdest du über den Zweck und die Funktionsweise des KI-Systems informiert?
- Fühlst du dich durch den Einsatz von KI in deiner Arbeit unterstützt?
- Hast du Bedenken bezüglich der Nutzung von KI am Arbeitsplatz (z. B. Datenschutz, Arbeitsplatzsicherheit)?
- Wie schätzt du den Einfluss von KI auf deine Arbeitsprozesse ein?

- Wie sicher fühlst du dich im Umgang mit dem KI-System?
- Wurden dir ausreichend Schulungen oder Einweisungen zur Nutzung des KI-Systems angeboten?
- Hast du Verbesserungsvorschläge oder Bedenken, die du zum Einsatz von KI äußern möchtest?

Stichwortverzeichnis

Katrin Augsten

Mobile Arbeit - Desksharing - Homeoffice

Praxisratgeber für Betriebs- und Personalräte
3., aktualisierte und erweiterte Auflage
2025. Ca. 340 Seiten, kartoniert
ca. € 39,–
ISBN 978-3-7663-7404-2
Erscheint voraussichtlich im Februar 2025

Mit der Corona-Pandemie wurde das Arbeiten im Homeoffice für viele Beschäftigte plötzlich möglich und notwendig. Auch um teure Bürofläche einzusparen, setzen Arbeitgeber inzwischen auf Homeoffice, Mobile Arbeit und Desksharing. So unterschiedlich diese Formate sind, sie führen stets zu Veränderungen der Arbeitsbedingungen und basieren auf unterschiedlichen Rechtsgrundlagen.

Der Ratgeber erklärt, worin sich die Modelle unterscheiden und welche Regeln zu beachten sind. Betriebsräte und Personalräte erhalten Hinweise und Tipps, worauf sie bei Betriebs- oder Dienstvereinbarungen achten müssen. Und worauf es bei der Gremienarbeit im Homeoffice ankommt.

Aus dem Inhalt:
- Arbeitszeit und Arbeitszeiterfassung
- Ausstattung und Kosten
- Arbeitsschutz und ergonomische Vorgaben
- Datenschutz und Datensicherheit
- Versicherung, Haftung, steuerrechtliche Fragen
- Mitbestimmungsrechte der Interessenvertretungen
- Betriebs- und Personalratsarbeit im Homeoffice und bei Desksharing
- Arbeitshilfen: Vereinbarungen zu Homeoffice und Desksharing